Augsburger Kupferstiche

aus der Sammlung von Alois Epple

1. Teil

FSC
www.fsc.org
MIX
Papier aus verantwortungsvollen Quellen
Paper from responsible sources
FSC® C105338

Herstellung und Verlag:
BoD – Books on Demand, Norderstedt
ISBN: 978-3-7481-1645-5

Anton Lichtenstern zum 80. Geburtstag gewidmet

Vorwort

Wenn man älter wird, dann überlegt man sich, was wohl mit so manchem, was sich im Laufe des Lebens angesammelt hat, geschehen soll. Das meiste geht wohl den Weg in den Müllcontainer. Um dies zu reduzieren, habe ich schon einen Teil meiner Sammlungen abgegeben: Meine „Sieben-Schwaben-Sammlung“ liegt im Volkskundemuseum in Oberschönenfeld, meine Unterlagen über das KZ bei Türkheim befindet sich im Archiv der KZ-Gedenkstätte Dachau, einige „Säcke“, Schrift- und Bilddokumente von Josef Meichelböck und dem 2. Weltkrieg bekam das Haus für bayerische Geschichte, die Werke von Peter Dörfler, teils mit persönlichen Widmungen und Gedichten an seine Sekretärin, erhielt der Historische Verein Landsberg, welcher sie in der Landsberger Stadtbibliothek deponierte, die ersten Ausgaben des Bayerischen Krippenfreundes ging an das Archiv der Bayerischen Krippenfreunde. Nun gilt es zu überlegen, was mit meinen kleinen Kunstsammlungen geschehen soll.

Um sie sinnvoll weitergeben zu können, müssen sie zuerst katalogisiert werden. Mit diesem Büchlein beginne ich mit meiner bescheidenen Sammlung Augsburger Kupferstiche.

Ich begann in den 1970er Jahren, während meines Studiums, Druckgraphik zu sammeln. Auf der Rückseite der Münchner Universität, in der Amalienstraße, lag das Antiquariat Wölfle. Ziellos ging ich eines Tages in dieses Geschäft. Der Raum war vollgestopft mit Bildern aller Art. Eine ältere Dame fragte mich im Vorbeigehen: „Und, was wolln sie?“. Spontan fiel mir ein, dass in meinem Heimatort einmal ein Künstler geboren wurde und ich antwortete ihr fragend: „Ham sie was vom Bergmüller?“ „Schaun s a mal den Haufen und den Haufen durch!“ Ich blätterte „die Haufen“ durch und fand mehr Kupferstiche von Johann Georg Bergmüller. Sie waren billig aber ich hatte nicht genügend Geld bei mir. Also bat ich die ältere Frau, sie für mich zurück zu legen. Als ich meinen Namen nannte überlegte sie: „Vor dem Krieg war öfter auch ein Epple bei mir und schaute sich hier um!“ (Es muss mein Onkel Otto Epple gewesen sein.) Beim nächsten Besuch zahlte ich nicht nur die Bergmüller-Stiche, ich schaute mir „die Haufen“ weiter durch. Hierbei fand ich einen kleinen Stich von einem mir bis dahin unbekannten „Göz“. Der Stich gefiel mir und auch der Preis – er kostete 4 DM – und so erwarb ich ihn. Als ich später die Dissertation von Rudolf Wildmoser durchsah, las ich, dass es einen Entwurf von Göz in der Kunsthalle in Hamburg gibt, von dem man nicht weiß, ob er auch gestochen wurde. Ich wusste, dass er gestochen wurde und dass ich einen dieser Stiche für 4 DM erworben hatte.

So spannende kann das Sammeln sein, dachte ich mir. So richtig zufrieden macht sammeln aber erst, wenn man wenig Geld dafür ausgeben kann. Mit einer großen Brieftasche in edle Antiquariate gehen oder auf Auktionen, das ist keine Kunst. Mit einem kleinen Geldbeutel Kunst zu erwerben, das macht ungleich größere Freude. So begann ich vorwiegend kleine und vor allem „billige“ Stiche Augsburger Stecher zu erwerben. Und so kam eine ansehnliche Sammlung zustande, die ich hier vorstelle.

Ein technischer Hinweis: Größere Stich konnte ich nicht scannen, sondern musste diese photographieren. Die geringe Qualität der Aufnahmen sei zu entschuldigen, da ich meine, schlechte Abbildungen sind immer noch besser als keine Abbildungen. Ob bei den Maßen zuerst die Höhe oder die Breite genannt ist, ergibt sich aus der Abbildung.

Dieses Bändchen ist nicht paginiert, da jede Abbildung nummeriert ist.

Diesem ersten Teil soll ein zweiter Band folgen. Dies hat folgende Gründe: Wollte ich meine ganze Sammlung in einem Band zusammenfassen, so wäre die Speicherkapazität meines einfachen Computers überschritten worden. Schon bei diesem Umfang dauert die Zwischenspeicherung relativ lange. Weiter wollte ich dieses Büchlein noch bis Weihnachten fertig stellen. Und schließlich lassen sich Fehler und Lücken in diesem Bändchen in einem zweiten Bändchen korrigieren.

Übersicht

Nr.	inv.	pinx.	fec.	del.	sculp.	excud.
1					Nilson	Rein
2					Eichler	Wolffgang
3					Baumgartner	Wagner sen.
4					Baumgartner	Halbaur
5					Baumgartner	Rein
6	Nilson				Nilson	Nilson
7						Nilson
8			Nilson			Nilson
9				Holzer	Nilson	Nilson
10				Holzer	Nilson	Nilson
11				Holzer	Nilson	Nilson
12	Baumgartner			Baumgartner		Engelbrecht
13					Belling	Belling
14						Engelbrecht
15						Engelbrecht
16						Engelbrecht
17				Friedrich	Friedrich	
18						Engelbrecht
19					Friedrich	
20			Friedrich			
21				Zuccarelli	Kilian	
22		Tintoretto			Kilian	
23			Kilian	Picart		
24		Boullogne			Kilian	Kilian
25		Vleugeles			Kilian	Kilian
26				Piazzetta	Haid	Leopold
27						
28				Umbach	Kilian	
29				Umbach	Kilian	
30				Umbach	Kilian	
31						
32						
33				Umbach	Kilian	
34				Fischer	Kilian	
35						
36					Klauber	Klauber
37					Klauber	Klauber
38					Klauber	Klauber
39					Klauber	Klauber
40					Klauber	Klauber
41					Klauber	Klauber
42					Klauber	Klauber

Nr.	inv.	pinx.	fec.	del.	sculp.	excud.
43					Klauber	Klauber
44					Klauber	Klauber
45					Klauber	Klauber
46					Klauber	
47					Klauber	Klauber
48				Vogt		Motz
49				Vogt		Motz
50						Motz
51						Pfeffel
52						Pfeffel
53						Pfeffel
54						Pfeffel
55						Pfeffel
56						Pfeffel
57						Pfeffel
58				Lublinski		Kraus ?
59				Thelott		Rembshart ?
60						Salomosmüller ?
61					Söckhler	
62				Eichler		Hertel
63				Eichler		Hertel
64				Eichler	Wachsmuth	Hertel
65				Eichler	Wachsmuth	Hertel
66				Eichler		Hertel
67				Eichler		Hertel
68				Eichler		Hertel
69				Eichler		Hertel
70				Eichler	Wagner	Hertel
71				Eichler	Wachmuth	Hertel
72					Heissig	
73 – 79	Göz			Göz	Göz	
80	Göz		Göz			
81	Göz					Göz
82	Göz					Göz
83	Göz					Göz
84	Göz			Göz	Göz	
85	Göz			Göz	Göz	
86	Göz			Göz	Göz	
87	Göz			Göz	Göz	
88			Göz			
89						Göz
90	Göz					Göz
91						Göz
92	Göz		Göz			

Nr.	inv.	pinx.	fec.	del.	sculp.	excud.
93 – 109			Göz			
110					Göz	Göz/Klauber
111				Milldorfer		Göz/Klauber
112					Göz	Göz/Klauber
113	Göz					Göz
114		Göz				
115					Göz	Göz/Klauber
116	Bergm.			Bergmüller	Haid	Haid
117			Kilian			Kilian
118 – 125		Bergmüller ……….				
126			Bergmüller	Bergmüller	Haid	Haid
127			Bergmüller	Bergmüller	Haid	Haid
128						
129			Bergmüller			Bergmüller
130			Bergmüller			Bergmüller
131			Bergmüller			Bergmüller
132			Bergmüller			Bergmüller
133						
134			Bergmüller			Bergmüller
135	Bergm.	Bergm.			Sperling	Bergmüller
136	Bergm.	Bergm.				
137	Bergm.					Bergmüller
138						Bergmüller
139						Bergmüller
140						Bergmüller
141						Bergmüller ?
142						Bergmüller ?
143	Bergm.			Bergmüller	Sperling	Bergmüller
144	Bergm.				Steinberger	Bergmüller
145						
146						
147						
148			Bergmüller			Bergmüller
149						Bergmüller
150	Bergm.			Bergmüller	Setlezky	
151	Bergm.				Göz	Bergmüller
152	Bergm.				Herz	
153				Bergmüller		
154				Bergmüller	Fridrich	
155	Bergm.				Haid	Haid
156				Bergmüller	Fridrich	
157					J.Bap. Bergmüller	
158 – 161				J.'Andreas Bergm.	Thelot	Probst(Wolff)

1 – 5: Tägliche Erbauung eines wahren Christen...[1]

Die folgenden Stiche (1 – 5) sind aus dem Buch zur „Erbauung eines wahren Christen", vier Bände, welche zwischen 1753 und 1755 bei der Gesellschaft der freien Künste und Wissenschaften in Wien und Augsburg erschienen: *A.A.I.I. Societas Vienna et Aug. Vindel*).[2] Die meisten Stiche wurden von Baumgartner, einige auch von Nilson und Sigrist, entworfen und von verschiedenen, überwiegend Augsburger Stechern, in Kupfer gestochen.

Die Stiche sind wie folgt aufgebaut: Als „Überschrift" steht ein Datum. Es ist der Gedenktag eines Heiligen. Dieser und eine Episode aus seinem Leben werden darunter gezeigt und sind architektonisch-vegetabil-rokokohaft gerahmt. Unten stehen der Name des Heiligen, oft in einer Rokokomuschel, welche auch die Bildbasis bildet und unterhalb des Bildes ein lateinischer Text von Ioannes Baptista Masculus (1582 – 1656), welcher meistens eine kurze „Bildbeschreibung" ist. [3]

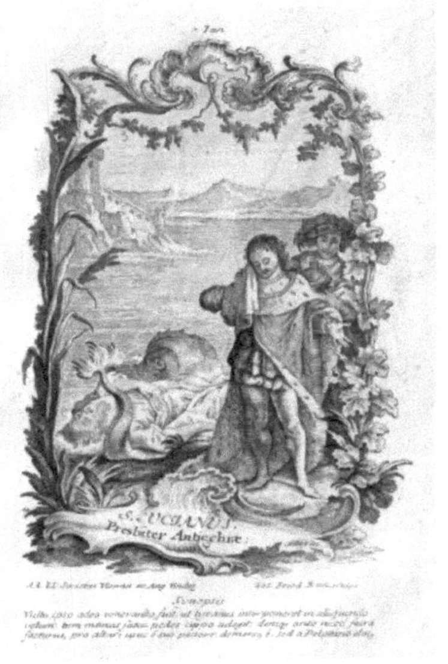

1: Hl. Lucian von Antiochia

Kupferstich, ca. 8 x 11,8 cm, beschriftet: *7. Jan. / A.A.Ill Societas Vienna et* [Aug.] *Vindel. / Nilson del / Ios Fried. Rein sculps. /*

Abgebildet ist, wie der hl. *Lucianus von Antiochia* bei seinem Martyrium, im Beisein des Kaisers, ins Meer geworfen wird. Die Rahmung besteht aus Weinblättern, Palmwedeln und aufgeschäumten, muschelartigen Gebilden.
Als Entwerfer wird (Johann Esaias) Nilson[4] (1721 – 1788) genannt. Der Stecher Ios. Friedlich Rein (1720 – 1785). Beide waren noch relativ jung, als sie entwarfen bzw. stachen.

[1] Gier, Helmut u. Janota Johannes: Augsburger Buchdruck und Verlagswesen, Wiesbaden 1997, ,S. 833

[2] Die Bände liegen z.B. in der Bayerischen Staatsbibliothek in München und wurden von dieser ins internet gestellt.

[3] Straßer, Josef: Johann Wolfgang Baumgartner – Ölskizzen und Hinterglasbilder, Salzburger Barockmuseum 2009

[4] Helke; ,Gun-Dagmar: Johann Esaias Nilson (1721 – 1788), München 2005, S. 245, Nr. 7. Danach entwarf Nilson für dieses Werk Frontispiz und 5 Blätter.

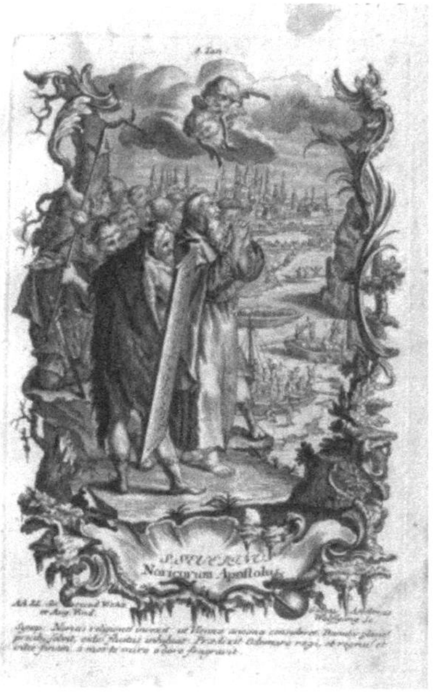

2: Hl. Severin

Kupferstich, 13,6 x 8,4 cm (Platte), beschriftet: *8. Jan / A.A.IIIl Societas Vienna et Vindel. / Gottfried Eichler del. / Gustav Andreas Wolffgang Sc.*

Es ist *S. SEVERINUS Noricorum Apostulos* zu sehen, wie er die Evakuierung Wiens über die Donau mit Gebet begleitet.
Das Bildchen entwarf Gottfried Eichler (1715 – 1770). Die gewagte Beinstellung des gehörnten Kriegers im Vordergrund und die Staffelung der Köpfe zeigt ein etwas beschränktes Können von Eichler. Hingegen zeigt der Stecher Gustav Andreas Wolffgang (1692 – 1775) einen souveränen Umgang mit der Nadel auch in kleinsten Details.

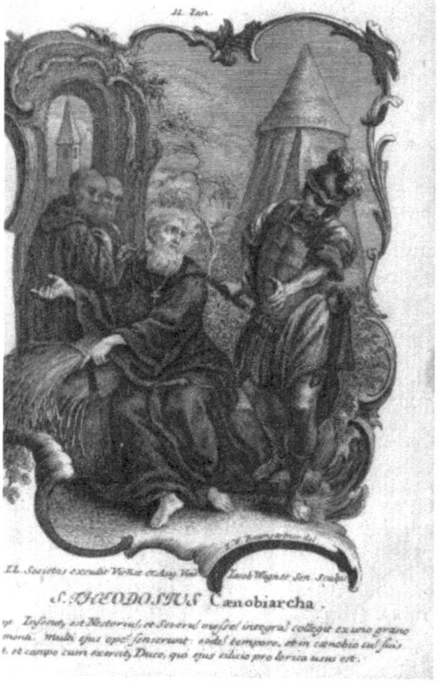

3: Hl. Theodosius

Kupferstich, ca. 8 x 11, 8 cm, beschriftet: *11. Jan. / A.A.L.L. Societas excudet Viennae et Ang. Vind. / I.W.Baumgartner del. / Iacob Wagner sen. Sculps.*

Am 11. Januar gedenkt die kath. Kirche *S. THEODOSIUS Caenobriarcha.* Das Bildchen zeigt die Befragung des Heiligen durch zwei Mönche und einem Feldherrn.
Im Gegensatz zu den beiden vorherigen Stichen ist die ornamentale Rahmung „abgespeckt" und die Stellung des Feldherrn zeigt eine höhere zeichnerische Qualität als Nilson und Eichler.
Der ist Jakob Wagner (1715 – 1770) zeigt sich als versierter Kupferstecher.

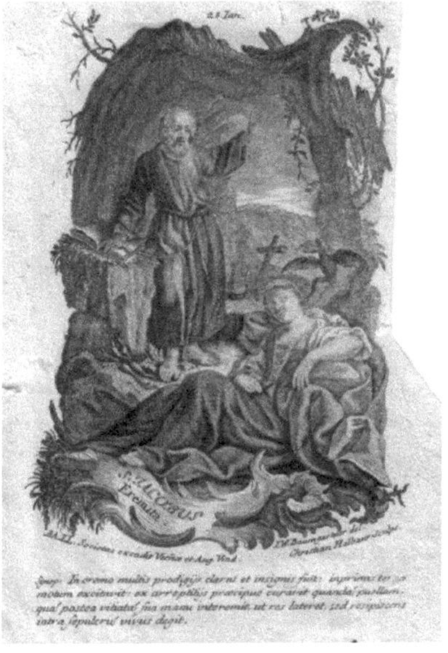

4: Hl. Jakob der Eremit

Kupferstich, ca. 14 x 8 cm, beschriftet: *21. Jan. / AAILSocietasexcadit Vienna et Aug. Vind. / I.W.Baumgartner del. Christian Halbauer sculps.*
Der Stich zeigt *S. JACOBUS Eremitus*, wie er vor seiner Höhle einer Frau den Teufel austreibt. Ob Höhle oder Bäume oder aufschäumender Boden, alles ist Ornament.
Gestochen von Christian Halbaur (um 1718 – 1775). Halbauer zeigt sich hier als routinierter, wenngleich nicht überragender Stecher. So unterscheidet sich die Strichführung beim Krug neben dem Kreuz im Hintergrund nicht von der Landschaft und bedarf deshalb einer Umrandung, um überhaupt sichtbar zu werden.

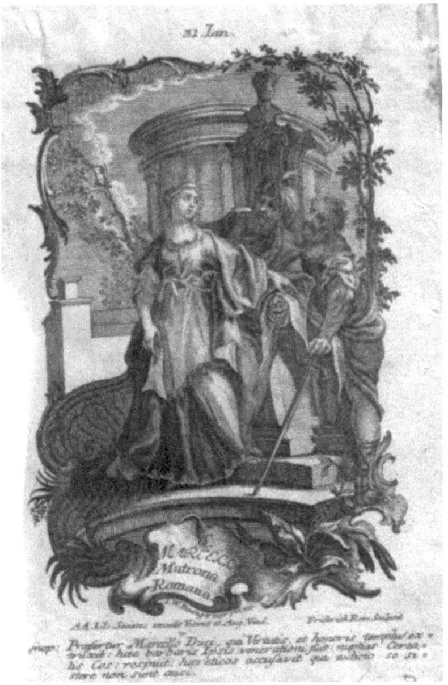

5: Hl. Marcella von Rom

Kupferstich, ca. 15 x 9 cm, beschriftet o: *31. Jan.* u: *AALLSocietas excadit Vienna et Aug. Vind. / I.W.Baum-gartner pinx. / Friderich Rein Sculpsit*
Der Stich zeigt S.MARCELLA / MATRONA / Romana, in deren Rücken sie zwei Männer besorgt anschauen. Im Hintergrund steht ein römischer Tempel und einen antiken Kopf. Die „Rahmung" ist von architekt. und vegetabilen, teil wu-chernden Versatzstücken. Die Bezeichnung „pinx." weist darauf hin, dass Baumgartner für diesen Stich eine Ölskizze[5] zur Verfügung stellte. Gestochen wurde von Joseph Friedrich Rein (1720 – 1785).

[5] Nicht aufgeführt im Katalog von Josef Straßer , in: Johann Wolfgang Baumgartner – Ölskizzen und Hinterglasbilder, Salzburg, S. 135 ff

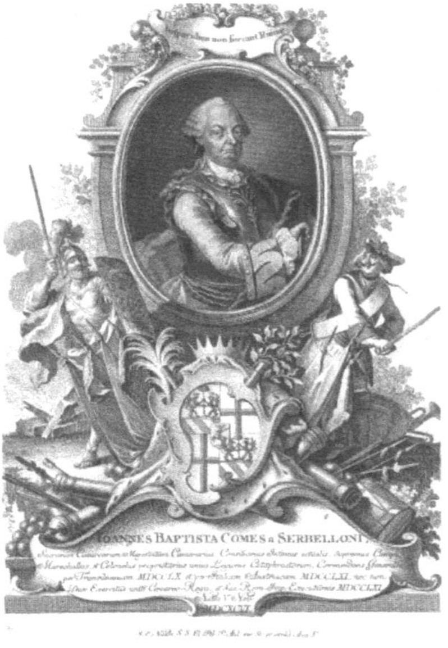

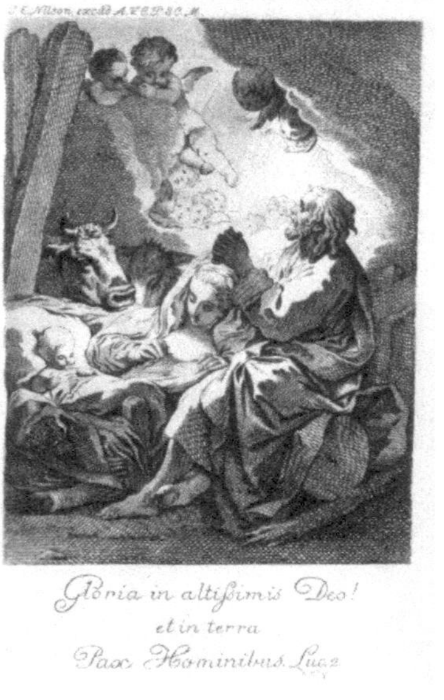

6: Johannes Bap. Serbelloni

Kupferstich, 22,3 x 15, beschr. unten: *J.E.Nilson S:S.El.Pal.P.Aul*.[J.E.Nilson sacrae sacrae electus palatinus Pictor aulicus] *inv. Sc. et excud. Aug. V.*

In einem ovalen Rahmen sieht man das Brustbild des österreichischen Feldmarschalls von Johannes Bap. Serbelloni (1696 – 1778) und unten in der Schriftkartusche die Datierung 1696. Darunter sein Wappen, zwei Krieger und Kriegsgerät.
Der Schriftzug „J.E.Nilson S:S:El:Pal: Pic:Aul:" verweist auf den Titel eines kurpfälzischen Hofmalers, der Nilson 1764 verliehen wurde. Damit kann dieser Stich post quem zeitlich eingeordnet werden. [6]

7 Geburt Christi

Kupferstich, 12,7 x 8 cm, beschr. *J.E.Nilson excudA.V. C.P.S.C.M.*

Die hl. Familie mit Ochs und Esel nach der Geburt Christi. Putten brechen mit dem himmlischen Licht in den Stall ein.
Der Entwerfer dieses Stiches ist nicht genannt. Das Hineinkomponieren von Maria, sowie die rembrandhafte Beleuchtung lässt an Johann Ev. Holzer als Delinator denken.
Nilson gründete 1752 einen Verlag. Dieser Stich ist also nich vorher zu datieren.[7]

---

[6] Helke, Gun-Dagmar: Johann Esaias Nilson, München 2005, S. 177, 178

[7] Helke, Gun-Dagmar: Johann Esaias Nilson, München 2005, S.175

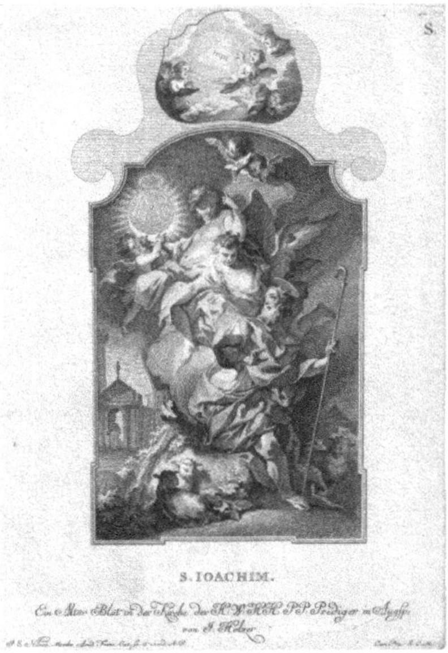

8: Hl. Joachim[8]

Kupferstich, 24,9 x 16,2 xm, beschriftet: *J.E.Nilson Membr: Acad. Franc. Caes: fe: et excud: A.V: / Cum Priv. S.C.M.*

Joachim wird, als er seine Schafe hütete, von Engeln mitgeteilt, dass seine Frau schwanger wird.
Nilson trag zwischen 1767 und 1769 in die „Kayserlich Francische Akademie ein. Nach diesem Zeitpunkt muss dieser Stich entstanden sein.[9]

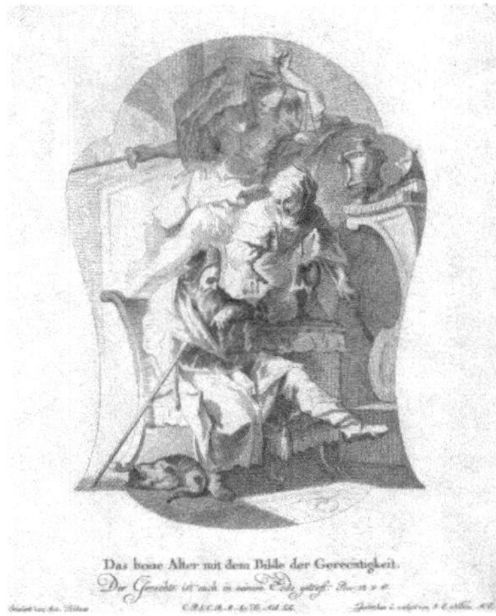

9 Das hohe Alter mit dem Bilde der Gerechtigkeit

Kupferstich, 22,2 x 17,2 cm, beschr.: *Sciziert von Joh. Holzer / C.P.S.C.M. Ac.Fr.AA.LL. / Gestochen u. verlegt von J.E.Nilson.A.V.*

Nilson trat zwischen 1767 und 1769 in die „Kayserlich Francische Akademie ein. Nach diesem Zeitpunkt muss dieser Stich entstanden sein.[10]
Zu diesem Stich gibt es die Entwurfzeichnung.[11]

[8] Ausführlich beschrieben in: Johann Evangelist Holzer – Maler des Lichts _ 1709 – 1740, Ausstellungskat. Augsburg 2010, S. 268 f, Kt.Nr. 35
[9] Helke, Gun-Dagmar: Johann Esaias Nilson, München 2005, S. 128, S. 243
[10] Helke, Gun-Dagmar: Johann Esaias Nilson, München 2005, S. 128, S.123 f
[11] in: Johann Evangelist Holzer – Maler des Lichts _ 1709 – 1740, Ausstellungskat. Augsburg 2010, S. 386f, Kt.Nr. 121

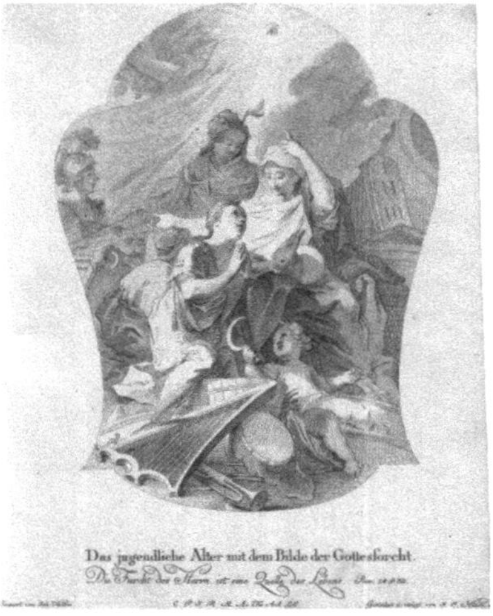

10: Das jugendliche Alter mit dem Bilde der Gottesforcht,

Kupferstich, 22 x 17 cm, beschr.: *Sciziert von Joh. Holzer / C.P.S.C.M. Ac.Fr.AA.LL. / Gestochen u. verlegt von J.E.Nilson.A.V.*

Zu diesem Stich gibt es die Entwurfzeichnung.[12]

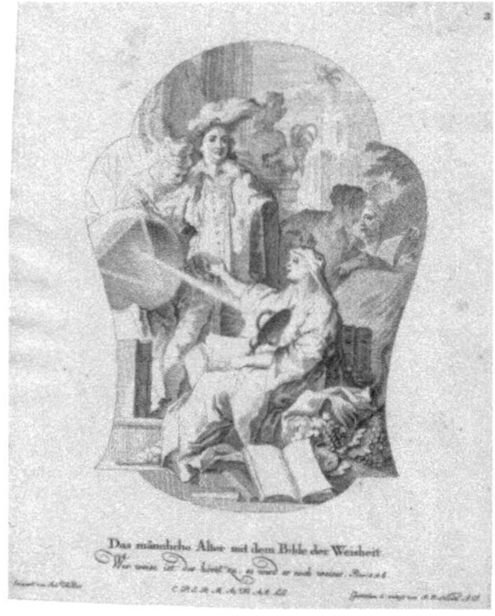

11: Das männliche Alter mit dem Bilde der Weisheit

Kupferstich, 22 x 17 cm, beschr.: *Sciziert von Joh. Holzer / C.P.S.C.M. Ac.Fr.AA.LL. / Gestochen u. verlegt von J.E.Nilson.A.V.*[13]

---

[12] in: Johann Evangelist Holzer – Maler des Lichts _ 1709 – 1740, Ausstellungskat. Augsburg 2010, S. 386f, Kt.Nr. 120

[13] Rapp, Jürgen: J. Hozer fecit sub Directione Domini J.G. Bergmiller, in: Bruckmanns Pantheon, Jg 48 1990, S. 89

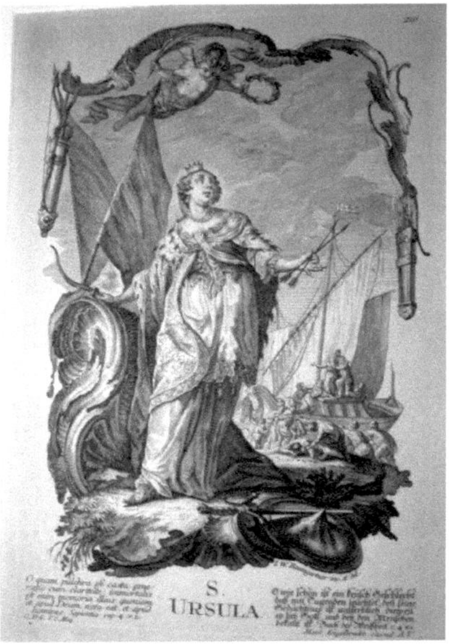

12: Hl. Ursula

Kupferstich, 29,7 x 19,9 cm, beschriftet: *C.Priv.S.C.Maj. / I.W.Baumgartner inv. et del. / Mart. Engelbrecht excud. A.V.*

Man sieht die hl. Ursula mit den üblichen Attributen und im Hintergrund die Ermordung der 11000 Jungfrauen durch die Hunnen vor Köln.
Das Bild zeigt Baumgartners Rokokoformenschatz, besonders bei der für ihn typischen Rahmung.
Oben steht „216“. Das Blatt war Teil eines Sammelwerkes, welches im Verlag Martin Engelbrecht (1684 – 1756) erschien.[14]

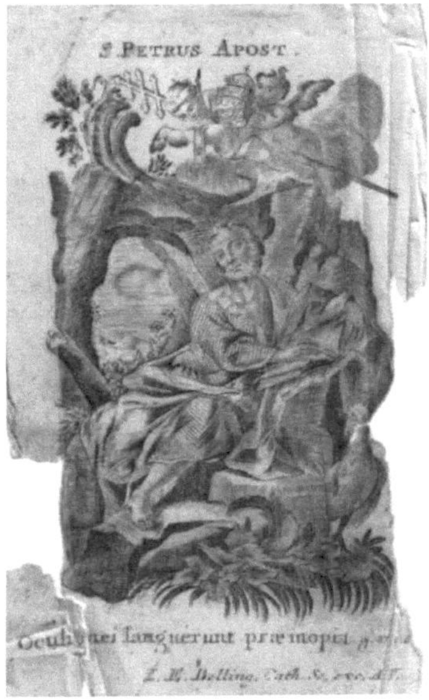

13: Hl. Apostel Petrus

Kupferstich, ca. 15,2 x 8,8 cm, beschriftet u.: *I.E.Belling, Cath. Sc. exc. A.V.*

Der "rote" Stich zeigt Petrus mit einem aufgeschlagenen Buch (!) in einer Höhle sitzend, aus der man auf eine entfernte Landschaft blicken kann. Die Felsformationen und die Vegetation sind eine Mischung zwischen Ornament und Natur. Über der Höhle tragen zwei Engel den Papststab und die Tiara heran.
Der Stecher ist Joseph Erasmus Belling (1701 – 1800)[15] Interessant ist hier, dass er mehrere Schraffurarten überlagert .

---

[14] Anscheinend nicht im Katalog von Schott, Friedrich: Martin Engelbrecht und seine Nachfolger, reprint Vaduz 2014

[15] Eine andere Quelle nennt als Lebensdaten 1757 – 1780. Hier handelt es sich wohl um die Zeit, in der Arbeiten Bellings nachgewiesen werden können.

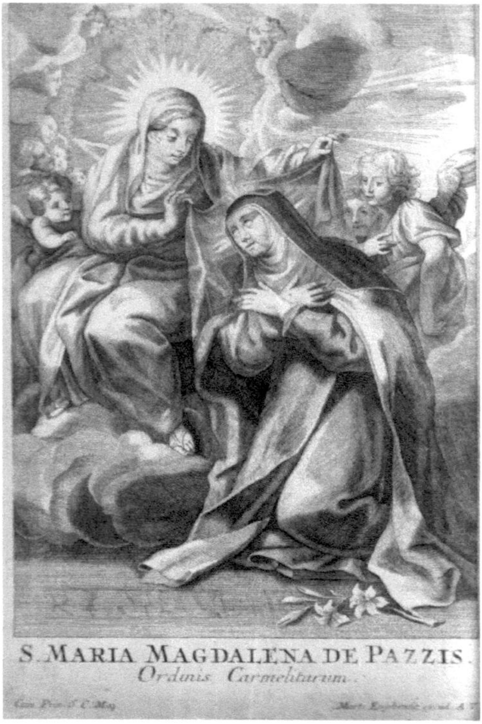

14: Hl. Maria Magdalena Pazzi

Kupferstich, 29,8 x 19,1 cm (Platte), 26,2 x 18,3 cm, bezeichnet: *Cum Priv: S.C.Maj / Mart: Engelbrecht excud A:V.*

Wie im Titel angegeben, sieht man die heilige *MARIA MAGDALENA DE PAZZIS; Ordinis Carmelitarum.* Vor ihr liegt eine Lilie, Zeichen ihrer Reinheit. Ihr wird von Maria ein Schleiertuch gereicht. Im Hintergrund Engel und Puten.
Der Stich dürfte nach 1719 entstanden sein, da ab 1719 Engelbrecht das kaiserliche Privileg (*Cum Priv: S.C.Maj)* hatte.

Der Stich stammt aus einer Serie von Heiligen und hat deshalb oben re. die Nr. 126. Der Hinweis „excud." dürfte wohl bedeuten, dass dieser Stich bei Engelbrecht erschien bzw. diese Serie in seinem Verlag herauskam.
Wer hier entwarf oder stach ist unbekannt. Die Figuren wirken in ihrer Fülligkeit etwas italienisch, besonders die Engel rechts. Der Stecher beherrschte sein Handwerk souverän. Schon wie er die Falten oder die Wolken plastisch herausarbeitete ist große Handwerkskunst.

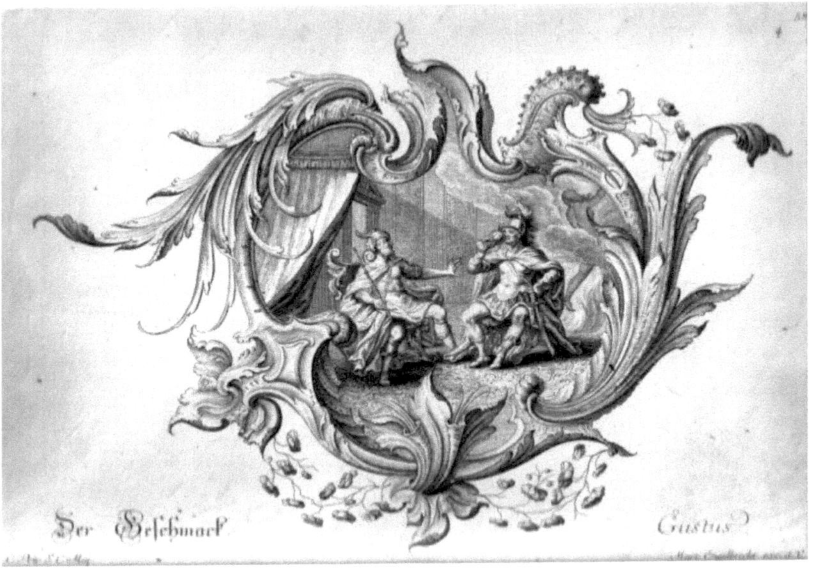

15: Der Geschmack

Kupferstich, 26,3 x 19 cm (Platte), unten beschriftet: *C. Priv. S.C. Maj. / Mart Engelbrecht exc. A.V.*, oben. „4" und „58"

In einer Rahmung aus besten Augsburger Rocaillornamenten, teils abstrakt, teils vegetabil, sitzt ein König vor seinem Zelt. Neben ihm sein Feldherr, welcher sich den Wein schmecken lässt. Im Hintergrund flieht ein nackter Mensch.

Der Stich stammt aus der Serie „Die fünf Sinne"[16], welche Teil einer Serie von über 59 Stichen ist und im Verlag von Martin Engelbrecht (1684 – 1756) erschien. Diese Serie dürfte wohl in die Mitte des 18. Jahrhunderts zu datieren sein.

[16] Nicht zu verwechseln mit der gleichnamigen Serie; bei Friedrich Schott: Der Augsburger Kupferstecher und Kunstverleger Martin Engelbrecht und seine Nachfolger. Ein Beitrag zur Geschichte des Augsburger Kunst- und Buchhandels von 1719 bis 1896, Nr. 1723-1777.

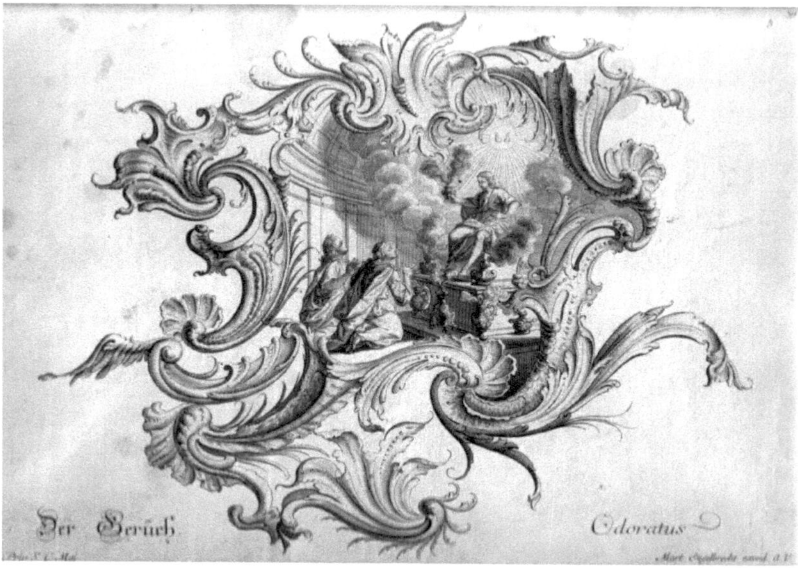

16: Der Geruch

Kupferstich, 26,4 x 19 cm (Platte) unten beschriftet: *C. Priv. S.C. Maj. / Mart Engelbrecht exc. A.V.*, oben. „5" und „59"

In einem Tempel, auf einem erhöhten Thron, sitzt ein junger Mann und hält eine rauchendes Weihrauchgefäß. Über ihm erstrahlt ein Gottheitssymbol. Vor ihm knien zwei Adelige. Überall steigt Rauch empor. Die Szene ist umfasst von einem überladenen Rokoko-„Rahmen" aus vegetabilen und abstrakten Elementen. Danach gehört dieser Stich schon an den Anfang der 2. Hälfte des 18. Jahrhunderts.

Der Stich stammt aus der Serie „Die fünf Sinne"[17], welche Teil einer Serie von über 59 Stichen ist.

[17] Nicht zu verwechseln mit der gleichnamigen Serie, bei Friedrich Schott: Der Augsburger Kupferstecher und Kunstverleger Martin Engelbrecht und seine Nachfolger. Ein Beitrag zur Geschichte des Augsburger Kunst- und Buchhandels von 1719 bis 1896, Nr. 1723-1777.

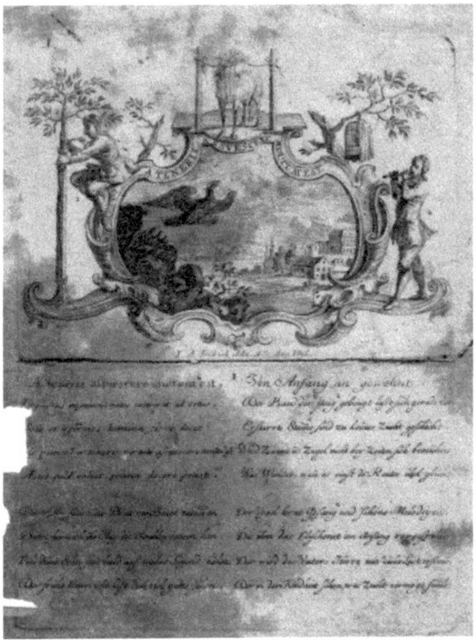

17: Jugend

Kupferstich, 16,4 x 11,8 cm (Platte), beschriftet: *I.A.Friedrich delin et Sc. Aug. Vind.*

Es handelt sich um ein „Erziehungsbildchen“ einer Serie. In einem muschelartigen Rokoko-rahmen sieht man in einer Landschaft ein Schloss und eine Sonne in die ein Phönix hinein fliegt. Links hält sich ein Knabe an einem Bäumchen (1) und rechts spielt ein Jüngling vor einem Vogelkäfig Flöte (2). Oben steht ein Pferd, angebunden, gebändigt an zwei Pflöcken.
Der Bildinhalt wird im untenstehenden Text erläutert.
Im Text wird erläutert:

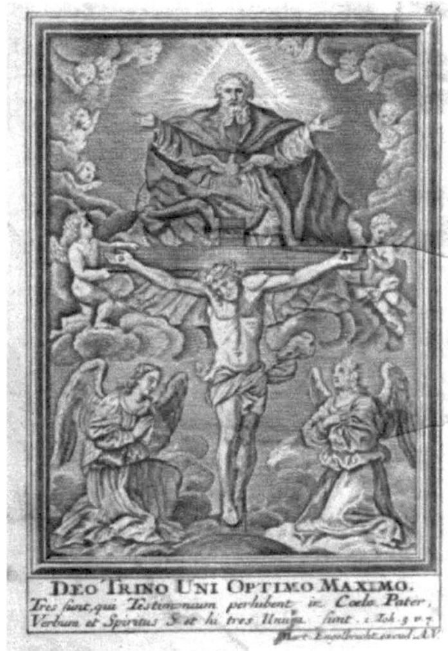

18: Gnadenstuhl

Kupferstich, 10,0 x 15,1 cm, beschriftet: *Mart. Engelbrecht excud A.V.*

Der Stich zeigt den „Gnadenstuhl“: Gottvater, die Hl.-Geist-Taube und Christus am Kreuz sind untereinander angeordnet. Die Dreifaltigkeit wird von Engeln verehrt.

Der Stich ist oben nummeriert mit „21“. Wahrscheinlich ist dies eine Buchpaginierung. Die Bezeichnung „excud“ bedeutet, dass Martin Engelbrecht den Stich herausgab. Die geringe Qualität - man schaue nur den Faltenwurf des Engels links unten an – legt die Vermutung nahe, dass ein Unbedarfter hier entwarf

und stach.

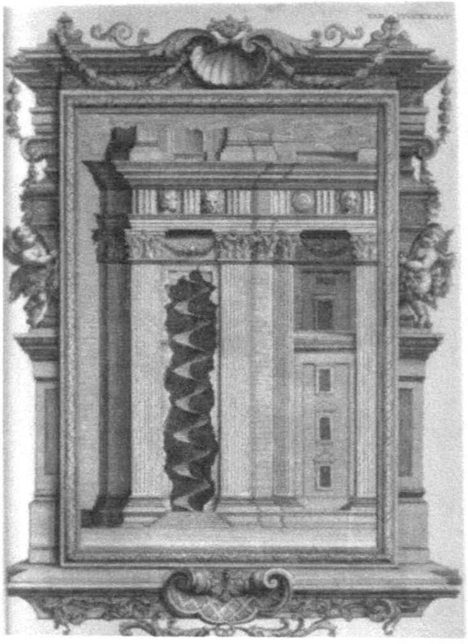

19: Tempel in Jerusalem

Kupferstich, 20,8 x 31,7 cm, beschriftet unten re.: *I.A.Fridrich sculps.* und oben *TAB CCCXXXIV*

Der Stich zeigt einen Teil des Jerusalemer Tempels, wie er im 1. Buch der Könige 6,8 beschrieben ist. Es ist das 334. Blatt einer Serie.
Die Darstellung des Tempelausschnittes ist mit einer feinen Leiste gerahmt. Dieses Bild steht auf einer Spiegelkonsole. Die Architektur des Hintergrundspiegels zeigt noch Anklänge an Renaissance und Hochbarock. Die Muscheln und vor allem der Akanthus weisen jedoch schon auf den Anfang des 18. Jhds.
Gestochen wurde von Jakob Andreas Fri(e)drich, wohl dem Älteren (1684 – 1751). Die Wiedergabe der Wendeltreppe ist bescheiden, ansonsten zeigt Friedrich eine souveräne Beherrschung seines Handwerks.

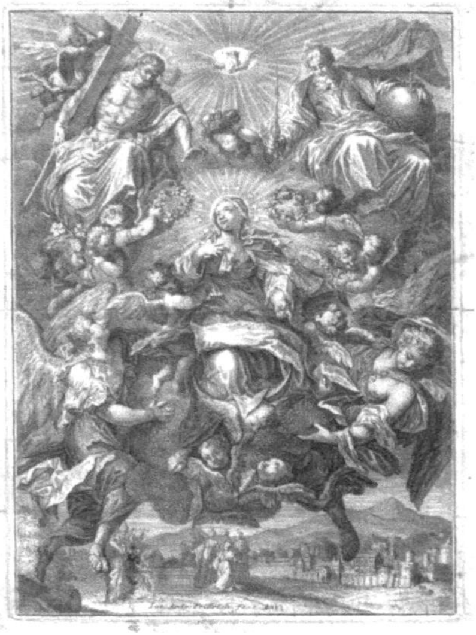

20: Krönung Mariens

Kupferstich, 21 x 15,2 cm (Platte) 20,6 x 14,7 cm (Bild), beschr. unten: *Iac.Andr: Fridrich fec. AV:*

Maria, mit Sternen um ihr Haupt und der Mond zu ihren Füßen, wird von Engeln in den Himmel getragen, wo sie von der Dreifaltigkeit zur Krönung erwartet wird. Putten reichen ihr Lilien und Rosen(kränzen) und eine Krone. Unten stehen die Apostel um den leeren Sarkophag und schauen zum Himmel. Hinter ihnen sieht man eine Stadt vor einem Gebirge.
Der Entwerfer ist in der Umgebung von Andreas Wolff zu suchen. ie beiden großen Engel kommen, fast identisch, auch in Wolffs Zeichnung „Übertragung des Leichnams der hl. Katharina auf den Berg Sinai" vor. Typisch für diesen Kreis ist auch die extreme Maßstabsänderung zwischen Himmel und Erde.

21 - 25 Bilderbibel

1758 brachte Philipp Andreas Kilian (1714 - 1759) eine Bilderbibel mit 130 Tafeln heraus. Kilian stach hier nach Gemälden berühmter Meister.[18] Ähnliche Rokokorahmen vereinheitlichen diese Bilderserie. Einzelne Abbildungen dienten verschiedenen Malern als Vorlagen.[19]

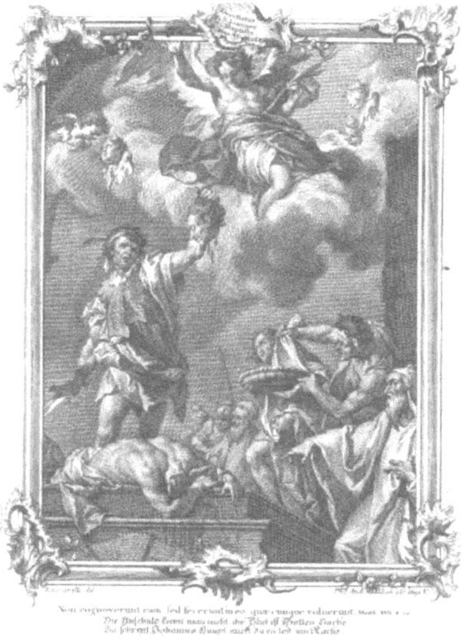

21 Enthauptung des Johannes

Kupferstich, beschriftet: *Zuccarelli, del, / Phil. Andr. Kilian Sc. Aug. V.,* Kupferstich, 14,4 x 20,1 cm (Platte)

Der Stich wurde nach einer Zeichnung (del.) von Francesco Zuccarelli (1702 – 1788) von Philipp Andreas Kilian gestochen. Auf einem zweistufigen Podest wurde soeben Johannes geköpft. Sein Henker hebt das blutende Johanneshaupt in die Höhe. Ein weiterer Scherge hält ihm die (Johannes-)Schale hin, um das Haupt aufzunehmen und es Herodes und Salome zu bringen. Juden und Soldaten verfolgen den Vorgang. Über allem schwebt ein Engel mit der Martyrerpalme für Johannes.

Das Bild ist auf Untersicht gezeichnet, als gehörte es an eine Decke. Der Bilderrahmen ist mit flammenden Rocaillen und asymmetrischen Muscheln besetzt, was dafür spricht, dass sie Mitte des 18. Jahrhunderts gestochen wurde

Kilian setzt hier die Strichelung vollendet ein, um dem Bild Licht und Schatten zu geben. Die Linien folgen der Plastizität von Körpern, Gewändern und Wolken.

---

[18] Gier, Helmut u. Janota Johannes: Augsburger Buchdruck und Verlagswesen, Wiesbaden 1997, ,S. 828 ff.

[19] Epple, Alois: Anmerkungen zur Bildebibel von Philipp Andreas Kilian und einigen Bergmüllerstichen, in: Materialien, H. 11, 2011, S. 23 - 27

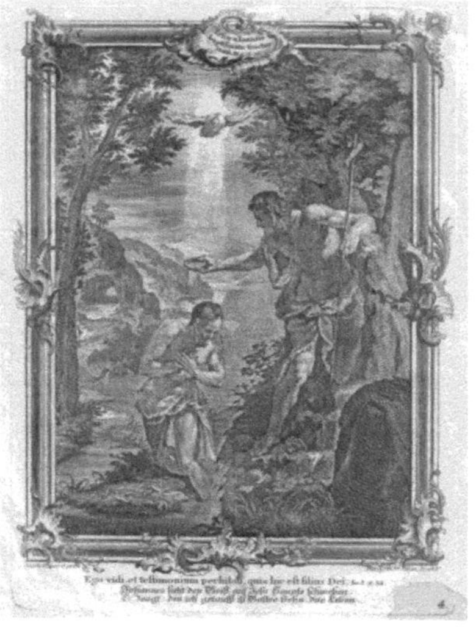

22: Johannes tauft Christus

Kupferstich, 19,9 x 14,3 cm, beschriftet: *Jakob Tintoret pinx / Phil. Andr. Kilian sc. A.V. / 4.*

In einer Jordanlandschaft, beidseitig „gerahmt" von Bäumen, wird Christus von Johannes Bapt. getauft. Oben erscheint die Hl.-Geist-Taube.
Als Vorlage diente ein Gemälde von Jacopo Tintoretto (1518 – 1594), welches im Prado in Madrid hängt.

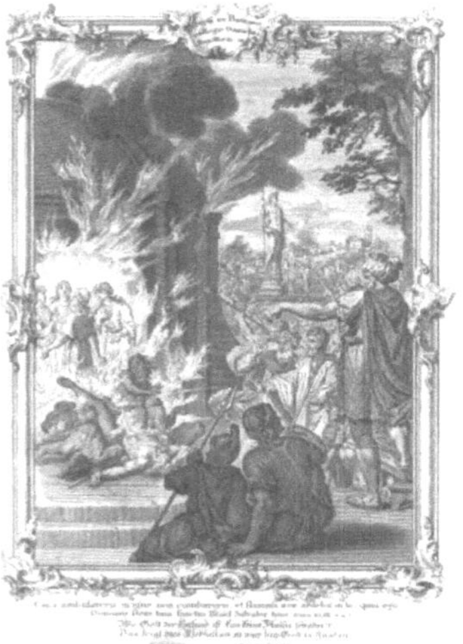

23 Die Männer im Feuerofen,

Kupferstich, 14,4 x 19,6 cm (Plattengröße), unten beschriftet: *B. Picart, del. / Phil: Andr: Kilian , fec. Aug. V. / 129*

Im geometrischen Mittelpunkt steht das 60 Ellen hohe Standbild, welches König Nebukadnezar zur Verehrung aufstellen ließ. Links des Standbildes blasen die Musikanten, rechts fallen, auf königlichen Befehl, die Menschen auf ihre Knie um das Standbild anzubeten. Der König läßt drei Jünglinge, welche das Standbild nicht verehren, in einen Feuerofen werfen. Warum hier vier Jünglinge – unten als „Kleeblatt" bezeichnet - zu sehen sind, ist unklar. Die Männer, welche die drei Jünglinge hinaufbrachten, werden durch die Flammen getötet. Im Vordergrund sitzen zwei verschattete Königsknechte.
Dass bei Bernard Picart (1673 - 1733) steht „del." könnte bedeuten, dass dieser eine Zeichnung fertigte. Dass bei Kilian „fec." steht könnte heißen, dass er Picarts Zeichnung stach. Warum hat er aber dann nicht sc. geschrieben? Da Picart schon 1733 starb dürfte seine Zeichnung unabhängig von Kilians Bilderbibelprojekt entstanden sein. Auch die Ornamentik am Bilderrahmen weist darauf hin, dass dieser Stich Mitte des 18. Jahrhunderts angefertigt wurde.

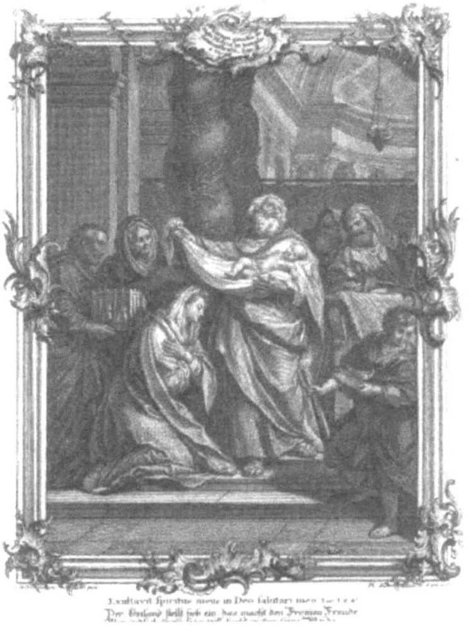

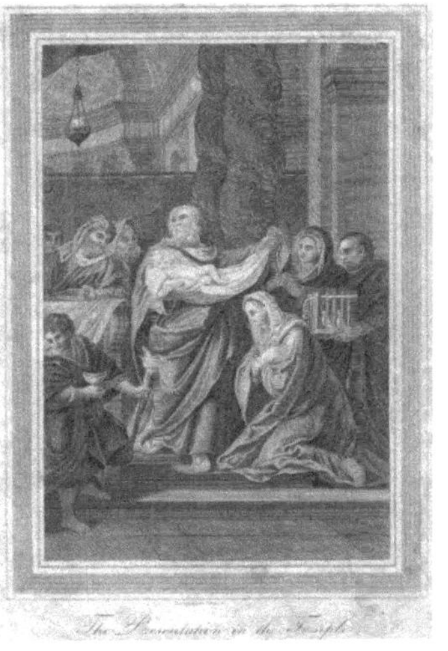

24 Aufopferung im Tempel

Kupferstich, 24,3 x 14,3 cm (Platte. beschr..: *L. de Boullonge ...pinx / Ph. Andr. Kilian scul. et exc. A.V.*

Vorlage für diesen Stich war ein Gemälde von Louis de Boullogne (1654 – 1733), um 1715.
Der greise Simeon hält das Christkind in einen Armen, welches von Maria und Joseph im Tempel aufgeopfert wurde.
Auch Johann Georg Bergmüller und Joh. Ev. Holzer verwendeten dieses Bild, wohl über einen Stich, als Vorlage.[20]

24 x: Aufopferung im Tempel

Druck eines Kupferstiches, 19.2 x 14,4 cm, beschriftet: *Davenport Sculpt.*

Dieses Blatt zeigt, dass Boullognes Bilder häufig nachgestochen. Hier ist das Original wohl seitenverkehrt wiedergegeben worden.

[20] Epple, Alois: Johann G. Bergmüller in und um Ellwangen, in: Ellwanger Jb. Bd. XL, 2004/2005; Materialien H. 9, S. 22, 23; Epple, Alois: Anmerkungen zur Bilderbibel von Philipp Andreas Kilian, in: Materialien, H. 11, S. 27; Epple u.Straßer, G 146

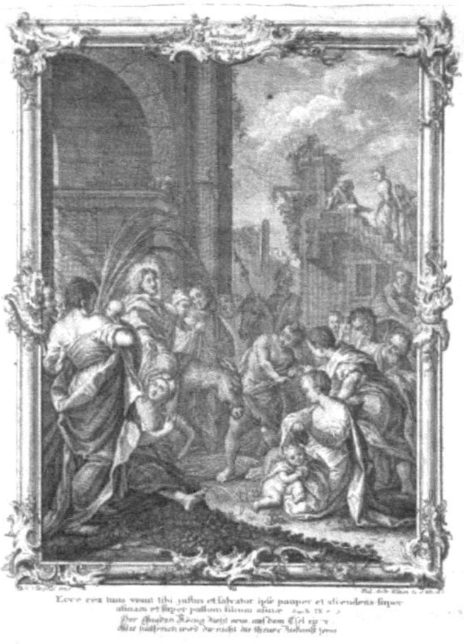

25 Einzug Jesus in Jerusalem

Kupferstich, 19,5 x 13,9, besch. *N.Vleugeles pinx. / Phil.Andr. Kilian sc. et exc. A.V.*

Jesus zieht, auf einem Esel reitend, vom Volk bejubelt, in Jerusalem ein. Vielleicht hatte J.G. Bergmüller diesen Stich vor Augen, als er für Ottobeuren und Breitenwang gleichthematische Bilder malte.[21]

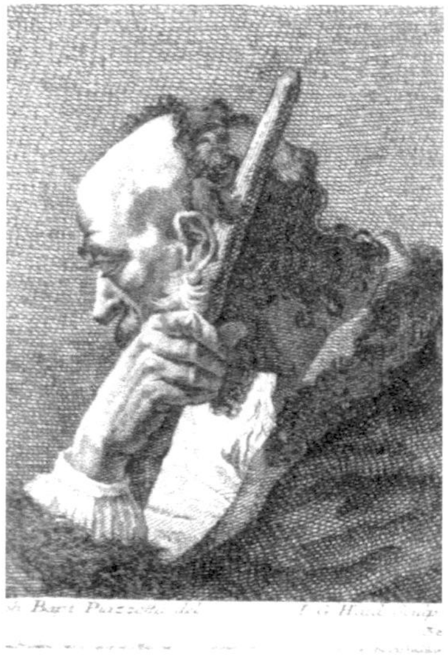

26: Judas Thaddäus

Kupferstich, 9,9 x 14,4 cm (Plattengröße), 9,2 x 12,6 cm (Bild) bechriftet: *Ioh. Bapt. Piazzetta del. / I.G. Haid Sculp / 38. / Cum Privilegio Sucrea Caesarea Mayestatis / Iohann Christian Leopold excudit Augustae Vinelicara*

Die Werke des Venezianers Giovanni Battista Piazzetta (1683 – 1754) dienten vielen Stechern als Vorlage,[22] so auch dem Augsburger Kupferstecher Johann Gottfried Haid (1710 – 1776).
Wie die Nr. „38." zeigt, ist dieser Stich Teil einer Serie, wohl von Heiligen. Verlegt wurde dieser Stich beim Augsburger Verleger Johann Christian Leopold (1729 – 1779[23]).

[21] Epple, Alois: Anmerkungen zur Bilderbibel von Philipp Andreas Kilian und einigen Bergmüllerstichen, in: Materialien, S. 11, S. 27

[22] Buberl, Brigitte: Kupferstiche nach Vorlagen von Giovanni Battista Piazzetta, Münster 1987

[23] Die Lebensdaten von Johann Christian II. Leopold sind in der Lit. unterschiedlich angegeben.

27 - 34: Heilige des Benediktinerordens

Die folgenden Stiche stammten aus Aegidius Ranbeck: Calendarium Annale Benedictinum Per Menses Et Dies Sanctis ejusdem Ordinis inscriptum : Accessêre SS. Icones cupris expressae â R. R. P. Amando Liebhaber OSB. ejusdem loci & Ord. ... inventae Calendarium Annale Benedicitium , Augsburg (Verlag Utzschneider) 1677.[24]
Viele Blätter entwarf Jonas Umbach (1624 – 1693) und stach Bartholomäus Kilian (1630 – 1696).
Für jeden Tag des Jahres ist ein heiliger Benediktiner vorgestellt. Dem Stich folgt ein mehrseitiger Legendentext auf Lateinisch. Unter dem Stichbild steht ein mehrzeiliger Text, quasi die Zusammenfassung der Legende. Das Bild zeigt die Großaufnahme des Heiligen, oft seinen Tod und eine Hintergrund-szene aus seinem Leben bzw. Martyrium.

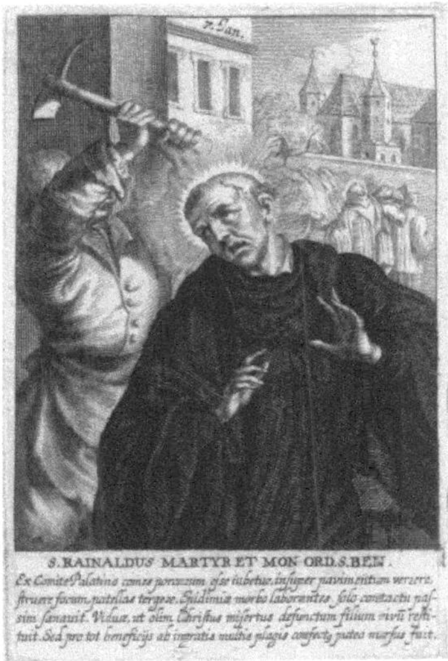

27: Hl. Reinald

Kupferstich, 13,5 x 8,8 cm, *7. Jan*

Der hl. Reinhold von Köln wird bei der Beaufsichtigung von Bauarbeiten erschlagen. Er soll das jüngste der vier Haimon-Kinder gewesen sein. Im Hintergrund sieht man einen Pfarrer, einen Bürger (?) und einen Mönch. Letzterer wendet sich einer in der Luft sitzenden Frau (Maria?) zu. Das Kloster im Hintergrund könnte St. Pantaleon in Köln zeigen.
Die Vorlage zeigt gewisse Schwächen: So steckt in der Armhaltung des Mörders kein Schwung und er verdeckt fast gänzlich sein Gesicht. Auch der fast diagonal, sich nach außen senkende Verlauf der Mauer im Hintergrund ist keine optimale Lösung.

---

[24] Es befindet sich z.B. in der Augsburger Staats- und Stadtbibliothek oder in der Bay. Staatsbibliothek München; Gier, Helmut: Buchdruck und Verlagswesen in Augsburg, 1649 – 1806, in: Gies, H.und Janota Johannes: Augsburger Buchdruck und Verlagswesen, Wiesbaden 1997, S. 495, 832

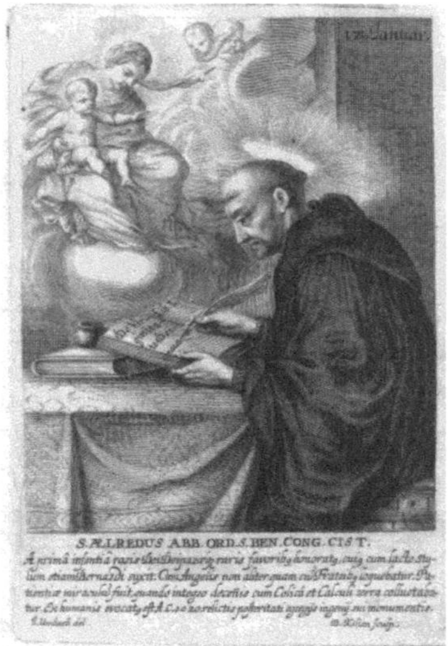

28: Hl. AElredus

Kupferstich,13,5 x 9 cm, beschriftet: *J. Umbach del./ B Kilian scups. / 12. Januar*

Der hl. Zisterzienserabt AElred von Hexham sitzt an einem Pult und schreibt an einer Abhandlung über *„De Vir- /ginita - / te Dei.* Inspiriert wird er von Maria mit Kind, welche ihm erscheint.

Der Stich ist klassisch und einfach komponiert. Die Waagrechte des Schreibpultes, die Senkrechte der rechten Säule geben ein Rechteckt links oben frei, in welchem Maria mit Kind erscheint. Diagonal unter ihr, in Seitenansicht, ist der Heilige als Dreiviertelfigur zu sehen.

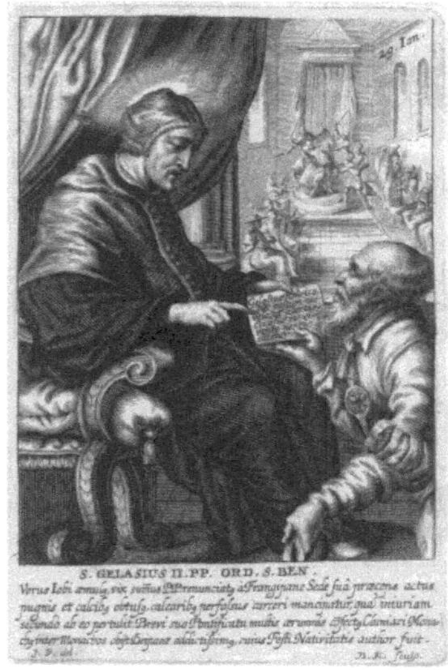

29: Hl. Gelasius

Kupferstich, 13,4 x 8,7 cm, beschriftet: *J.V.del / B.K. sculp. / 29. Ian.*

Der Entwerfer der Vorlage dürfte wieder der Augsburger Maler Jonas Umbach (1624 – 1693) gewesen sein und der Stecher Bartholomäus Kilian (1630 – 1696).

Der Benediktiner ist hier als Papst Gelasius II. zu sehen, wie er einen Brief einem Adeligen übergibt. Die Hintergrundszene zeigt, wie der Papst bei einem Kardinals-konsistorium von Bewaffneten bedroht wird.

Wieder erlaubt das klassisch komponierte Bild einen Viertelbildausblick auf eine Nebenszene.

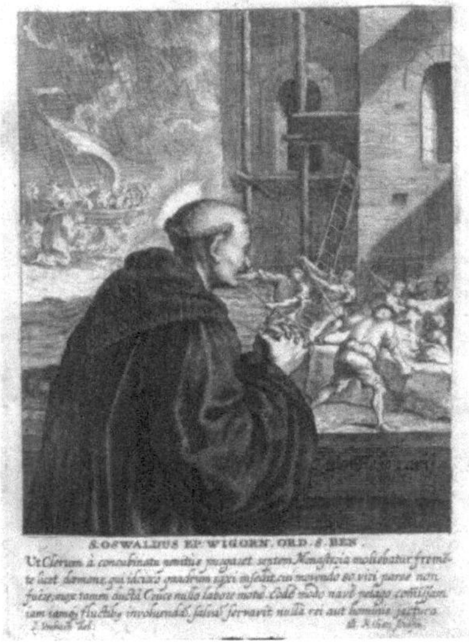

30: Hl. Oswald

Kupferstich, 11,16 x 9,4 cm (Platte),10,4 x 8,8 cm (nur Bild), unten re. beschriftet: *J. Umbach del / B Kilian sculps / 28. Februarij.*

Der Hl. Oswaldus, betrachtet betend einen seiner Kirchen- oder Klosterbauten. Ein Teufelchen, welches auf einem Steinblock sitzt, will den Bau verhindern. Im Hintergrund rettet der Heilige durch sein Gebet ein Schiff aus einem Unwetter.

Der Entwurf von Jonas Umbach ist klar aufgebaut: im Vordergrund, die Dreiviertelfigur des Heiligen vor einem dunklen Sockel. Der Mittelgrund rechts zeigt den Kirchenbau. Links der Ausblicke in den hellen Hintergrund. wo über einem Meer ein Unwetter niedergeht.

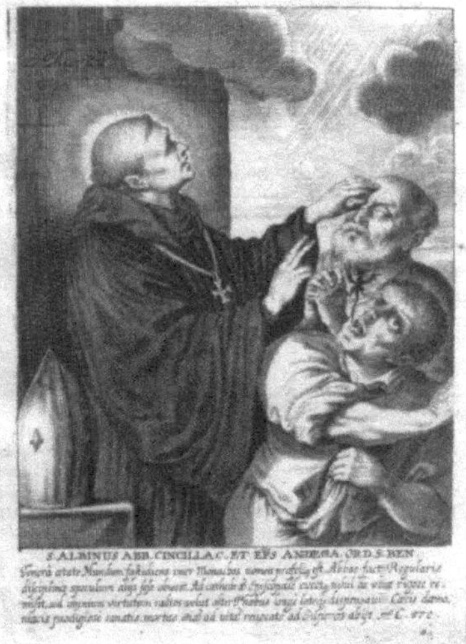

31: Hl. Albin

Kupferstich, 9,4 x 13,3 cm (Platte), 8,7 x 11 cm, beschriftet: *2. Marty.*

Der Hl. Albin von Angers steht links im Ordensgewand, vor sich die Bischofsmitra, und heilt einen Blinde,, dem er seine Hand auf ein Auge legt und einen Besessenen, aus dem der Teufel aus dem Mund fährt, durch seine segnende Hand.

Der Entwurf dürfte von Jonas Umbach stammen. Klar komponiert zeigt sich eine rechte Seite mit dem Ausblick in einen hellen, durch Wolken belebt Himmel, und eine linke Hälfte, wo vor dunkler Wand der dunkel gewandete Heilige steht.

Besonders die Plastizität der beiden Kranken hat hochbarocke Züge Der Stich dürfte von Jonas Umbach entworfen und von Bartolomäus Kilian gestochen worden sein.

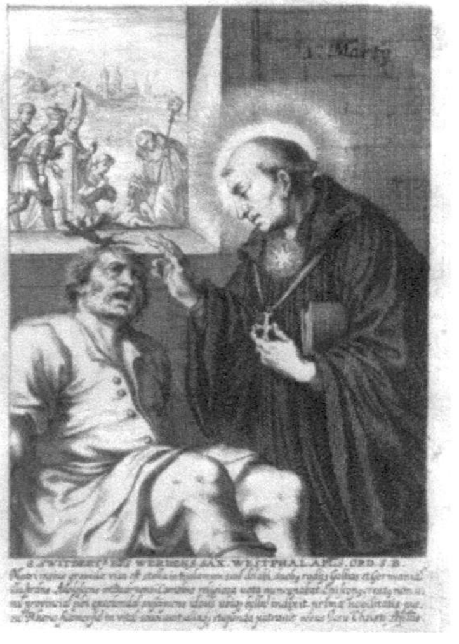

32: Hl. Suitbert von Kaiserswerth

Kupferstich, 8,8 x 13,2 cm (Platte), 8,2 x 11,2 cm beschriftet: *1. Marty.*

Jonas Umbach zeichnete den hl *S. Switbertt* wie er einem Besessenden einen Dämon austreibt. Im Rechteck oben links erlaubt ein Ausblick in eine Landschaft, wie der Heilige vor einem Kind kniet. Daneben wohl seine Eltern, ein Bischof und ein König (Pipin der Mittlere) . Der Stern an Suitberts Brust geht auf die Legende zurück, wonach seinen Eltern schon vor seiner Geburt seine missionarische Berufung durch eine Sternerscheinung prophezeit wurde.

Besonders die diagonale Lage des Besessenen zeigt die hohe Qualität Umbachs.

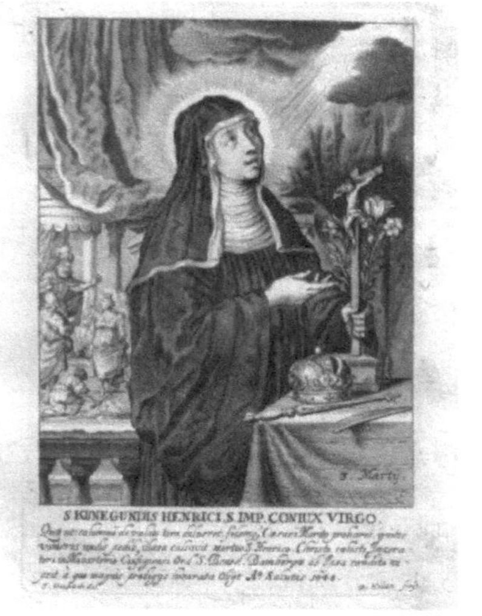

33: Hl. Kunigund

Kupferstich, 8,9 x 13,5 (Platte), 8,2 x 10,9 cm, unten beschriftet: *J. Umbach del / B. Kilian sculp. / 3. Marty*

In der Mittelachse des Bildes steht die hl. Kunigunde in Ordenstracht. Sie hält ein Standkreuz und drei Lilien in der Hand und blickt zum Himmel auf, wo ein Licht aus den Wolken sie beleuchtet. Vor ihr liegt die Kaiser(innen)krone und Szepter, auf welche sie nach dem Tod ihres Mannes verzichtete. und in ein Benediktinerinnen-Kloster ein. Im Hintergrund sieht man, wie Kunigunde vor ihrem Mann Heinrich II. über glühende Pflugscharen schreitet um die Vorwürfe, sie hätte Ehebruch begangen, zu widerlegen.
Der Stich ist zwar klar gegliedert, allein der Vorhang und die Balustrade sind keine geglückten Einengungen des Ausblicks. Der Vorhang und der Ärmel der Ordenstracht sind etwas recht zerknittert.

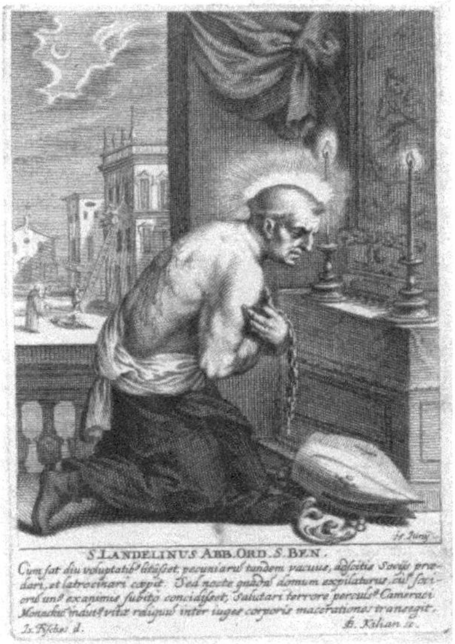

34: Hl. Landelin von Crespin

Kupferstich, 8,8 x 13,2 cm (Platte) 8,6 x 11,2 cm (Bild), beschriftet u.: *J.S. Fischer d.*[el.] / *B. Kilian sc. / 15. Juny*

Der hl. Landelin kniet mit nacktem, kasteitem Oberkörper und in Ketten gefesselt von einem Altar mit einem Marien- als Altarbild. Abtmitra und –stab liegen vor ihm, da er es immer wieder ablehnte, Abt von einem von ihm gegründeten Benediktinerkloster zu werden. Im Hintergrund sieht man eine Kirche und zwei herrschaftliche Häuser. An einem lehnt eine Leiter, auf der sich zwei Personen befinden. Weiter ist hier ein Benediktiner zu sehen.

Der Entwerfer dieses Stichs, J. S. Fischer behält die Bildaufteilung Umbachs bei: ein Viertel des Bildes bietet einen Ausblick in die Ferne.

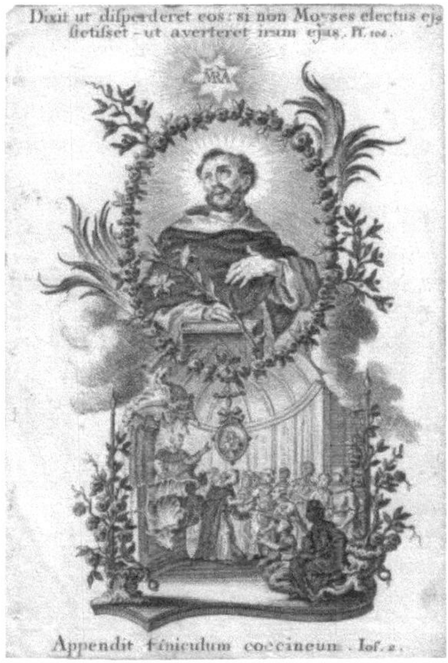

35 Hl. Dominikus

Kupferstich, 14,7 x 9,5 cm

Der Stich zeigt ein Brustbild des hl. Dominikus im Ordensgewand, seine Ordensregel vor sich und die Lilie der Jungfräulichkeit in der Hand. Umgeben von einem Kranz aus 50 kleinen und fünf größeren Rosenblüten, entsprechend dem Rosenkranz. Über dem Kranz erstrahlt das Marienmonogramm. Unten sieht man einen Dominikaner auf der Kanzel predigen und dabei auf ein Marienbild hinweist. Ein anderer Dominikaner verteilt Rosenkränze unter das Volk. Über dem Bild steht ein Zitat aus Psalm 105 und unter dem Bild Josua 2, 21.

Der Stich ist in Augsburger Kupferstichtradition und –qualität erstellt und gehört zu einer Serie. Datierbar ist er auf die Mitte des 18. Jahrhunderts.

36 – 42: Die Bilderbibel der Brüder Klauber

Die folgenden Kupferstiche stammen aus der Bilderbibel der Brüder Joseph Sebastian Klauber (1700 – 1768) und Johann Baptist Klauber (1712 – 1787), welche 1748 in Augsburg erschien und 100 Blätter umfasst. Als Vorlagenzeichner könnte Johann Adam Stockmann (um 1700 – 1783) gelten. Eine ausführliche Analyse zu dieser Bilderbibel liefert Peter Stoll.[25]

Mehrere Begebenheiten sind simultan in einem Bild, getrennt durch Rocaillen, dargestellt. Die einzelnen Szenen sind nummeriert und durch eine Legende als Über- und Unterschrift bezeichnet.

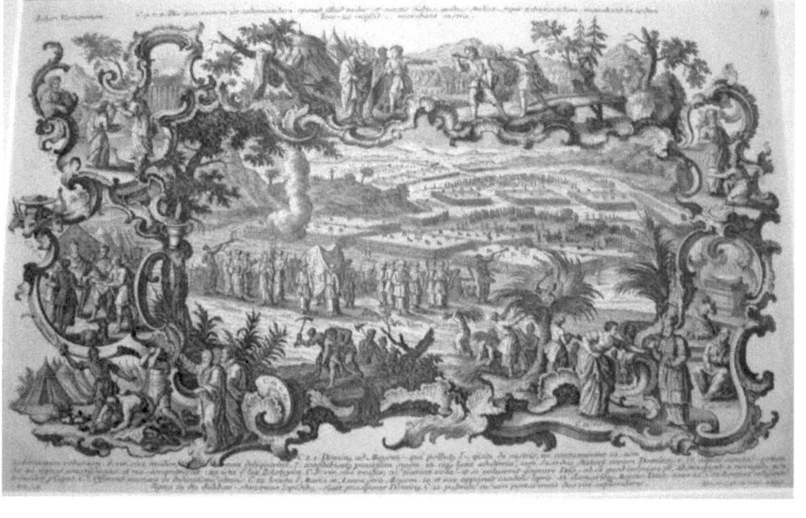

36: Moses zieht mit den Israeliten durch die Wüste
Kupferstich, 20,7 x 30,7 cm, beschriftet: *C.P.S.C.M. / Klauber Cath. Sc. et exc. A.Vind. / 19*

[25] Die Bilderbibel der Brüder Joseph Sebastian und Johann Baptist Klauber, Augsburg 2007, und: Die Bilderbibel der Brüder Joseph Sebastian und Johann Baptist Klauber: Die Leipziger Ausgabe 1835/36 und ihre "zweckmässige Erklärung", Augsburg 2014, im internet.

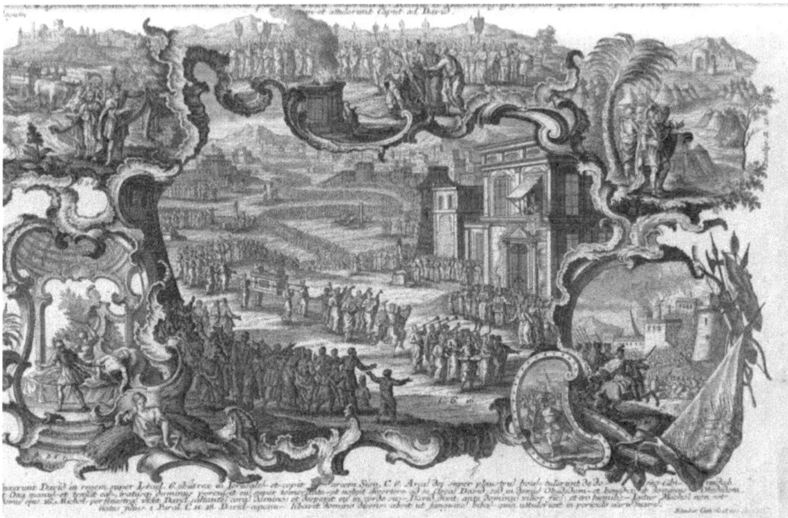

37: König David 1
Kupferstich, 19,9 x 30 cm, *C.P.S.C.M. / Klauber Cath. Sc. et exc. A.V., / 35*

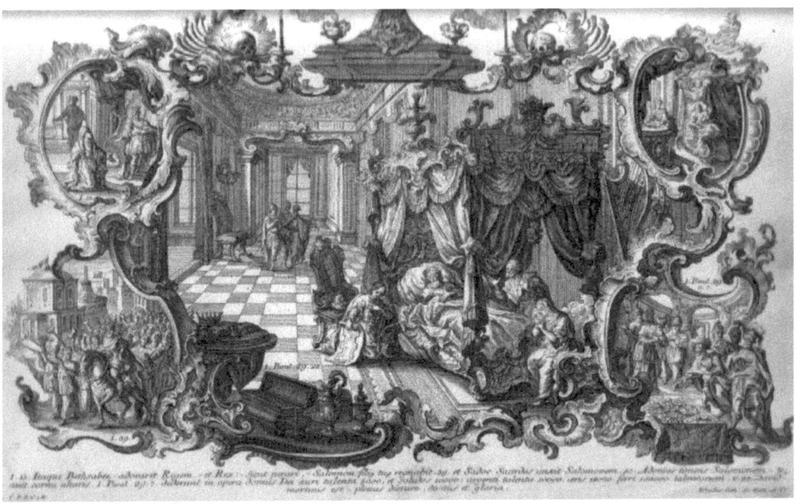

38: König David 2
Kupferstich, 20 x 30,7 cm, beschriftet: *C.P.S.C.M. / Klauber Cath. Sc. et exc. A.V. / 39*

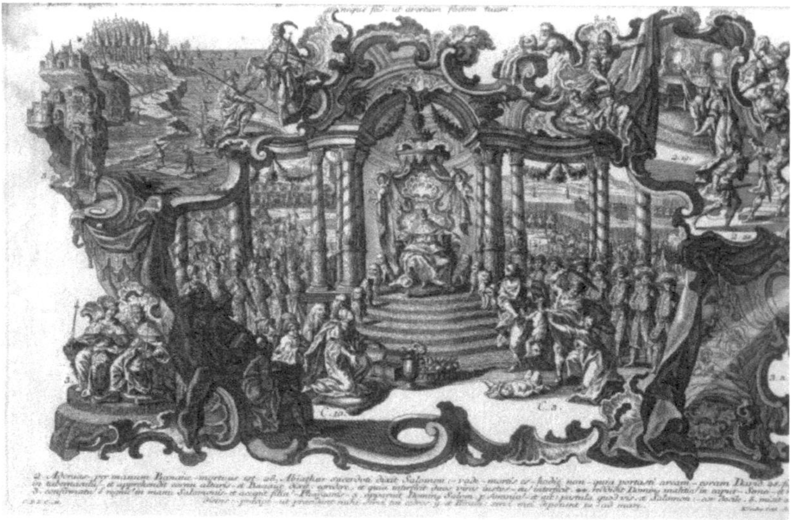

39: König Salomo

Kupferstich, beschriftet: *C.P.S.C.M. / Klauber Cath. Sc. et exc. A.V., 30,8 x 20 cm / 40*

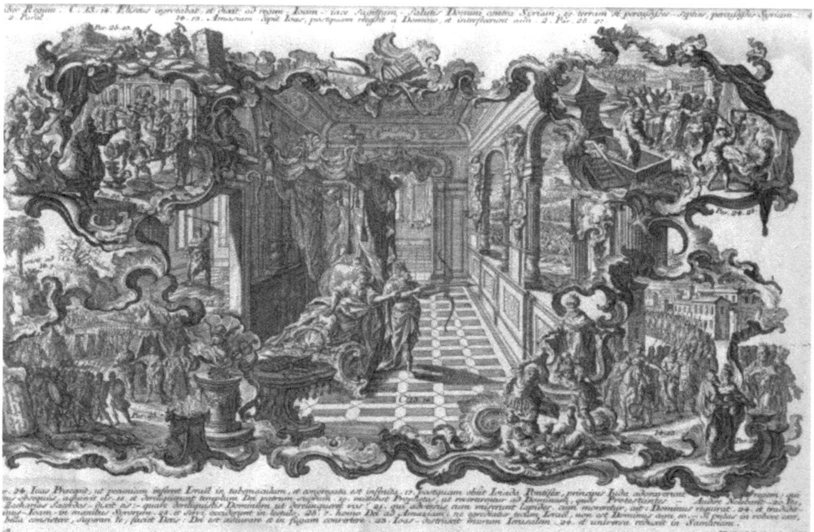

40:Elisäus

Kupferstich, 30,8 x 20 cm, beschriftet: *C.P.S.C.M. / Klauber Cath. Sc. et exc. A.V. /49*

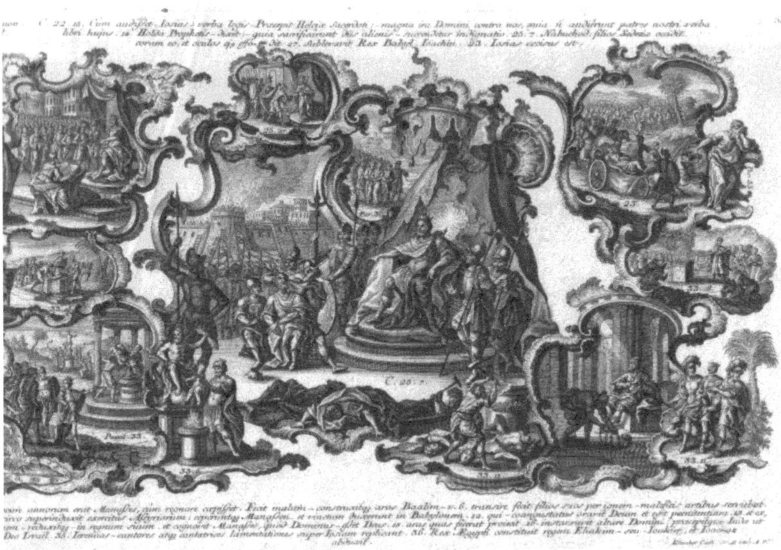

41: König Joschja
Kupferstich, 20 x 30,8 cm, beschriftet: *C.P.S.C.M.* / *Klauber Cath. Sc. et exc. A.V.*, / 51

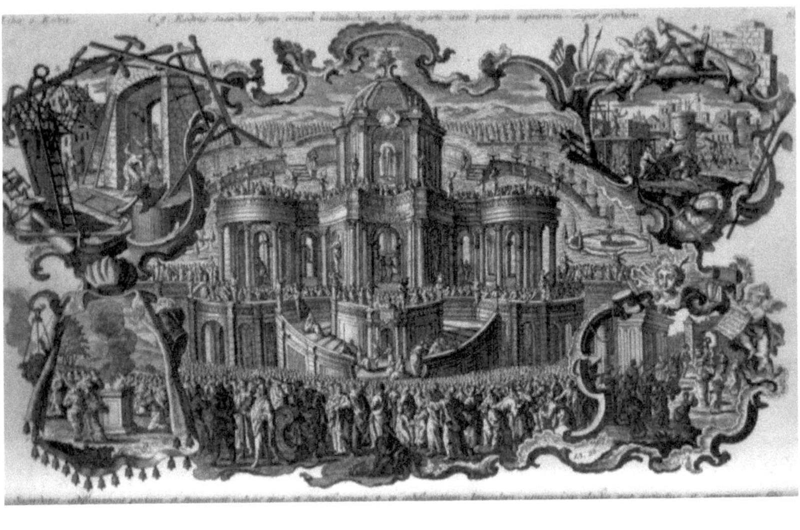

42 Esra
Kupferstich, 20,4 x 30,5, beschriftet: *C.P.S.C.M.* / *Klauber Cath. Sc. et exc. A.V.*, / 53

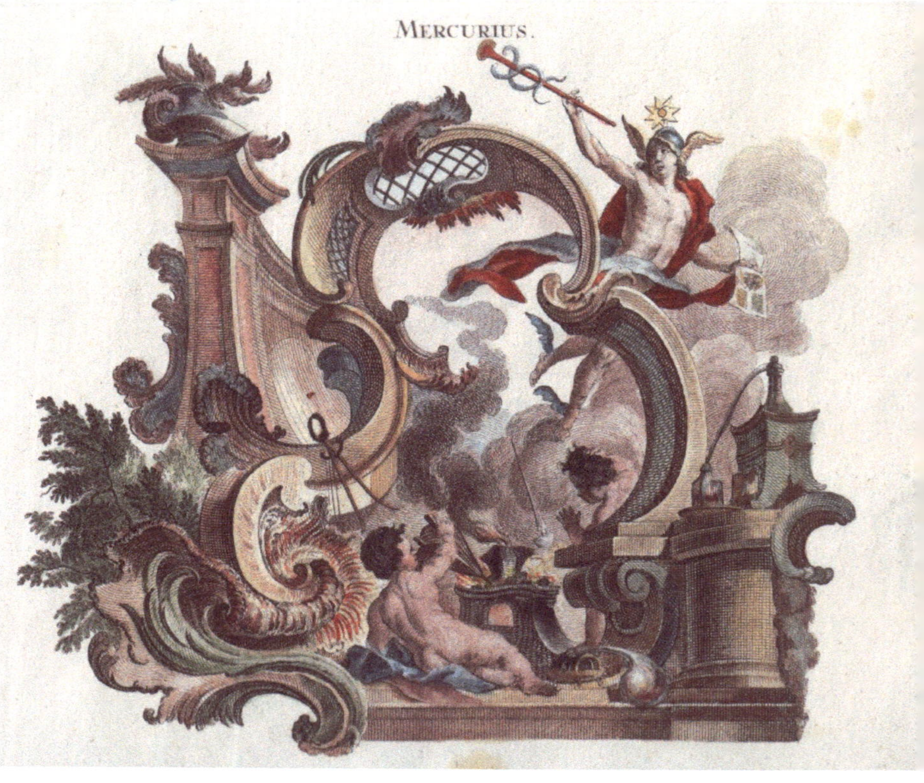

43:Mercurius

kolorierter Kupferstich, 22,7 x 20 cm (Platte), unten bechriftet: *C.P.S.C.M. / Ios. et Ioa. Klauber Cath. Sc. et exc. A.V.*

Der Stich wurde von Josef Sebastian (1710 – 1768) und Johann Bapt. Klauber (1712 – um 1787) gestochen und verlegt. Der Zusatz *Cath.* bedeutet „katholisch" und grenzt das Brüderpaar von den zahlreichen Augsburger Kupferstechern anderer Konfession ab.

Zwei Knäblein heizen eine Esse. Oben schwebt Merkur. Die Architekturversatzstücke sind typischer „Augsburger Rokoko". Die C-Schwünge erinnern an entsprechende Stuckformen. Dementsprechend sollte dieser Stich Stuckatoren, Schreinern, Bildhauern und Malern Rocaille-Formen vermitteln. Der Stich dürfte aus einer Serie griechischer Götter sein.

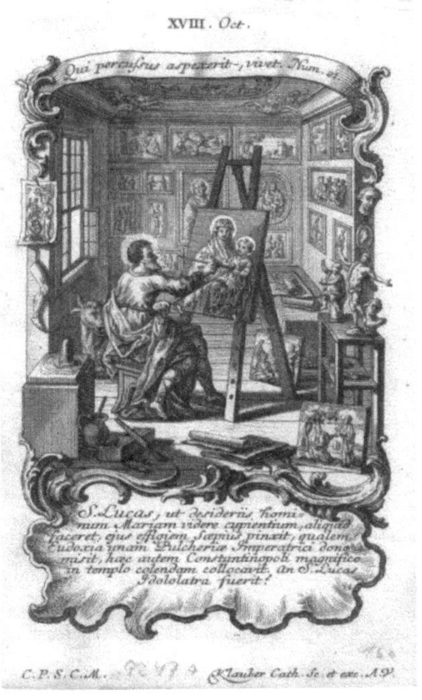

44: Hl. Lukas

Kupferstich, 14,3 x 9 cm, beschriftet u.: *C.P.S.C.M.: / Klauber Cath. Sc. et exc. A.V.*

Der hl. Apostel sitzt in seinem Atelier an seiner Stafflei und malt Maria mit Kind, ähnlich dem Gnadenbild von St. Maria Maggior in Rom. Hinter ihm liegt sein Symbol, ein Stier. An den Wänden hängen dicht nebeneinander Bilder, wie früher üblich, im Vordergrund ist ein Mörser, zum Anrühren von Farbe, Pinsel und andere Malutensilien. Darüber schließt ein Schriftband mit einem Spruch aus Numm. 21 den Raum ab, unten ist es eine Rokokokartusche in der das Dargestellte erläutert wird.

Das Bildchen ist hervorragend gestochen, abgesehen von der Beinhaltung des Heiligen. Selbst die Bildchen an der Wand kann man teilweise benennen. Die Ornamentik lassen den Stich auf die Mitte des 18. Jahrhunderts datieren.

Oben steht: *XVIII.Oct.* Dies ist der Gedächtnistag dieses Heiligen. Das Bildchen dürfte aus einem Büchlein von Tagesheiligen stammen, welches beim Verlag Klauber erschien.

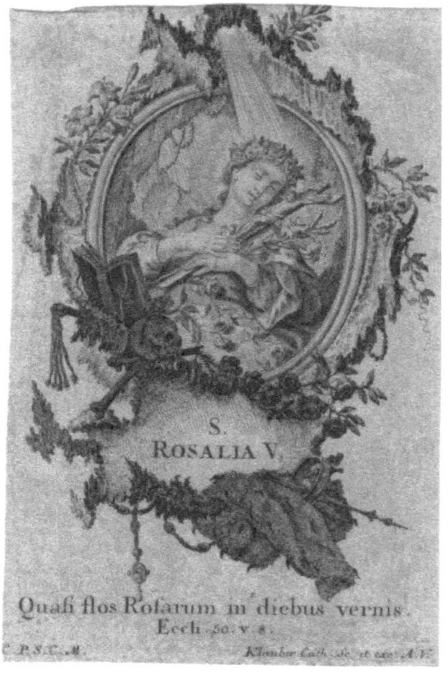

45:Hl. Rosalia

13,3 x 8,6 cm, beschriftet u.: *C.PS.C.M. / Klauber Cath. Sc. et exc. A.V.*

S. ROSALIA V. die hl. Jungfrau Rosalia, hält, in mystischer Verzückung, Kreuz und Lilienzweig. Vor ihr liegen Rosen. Auch auf ihrem Haupt trägt sie einen Kranz aus Rosen, eine Anspielung auf ihren Namen. Im Schatten vor ihr sind ein aufgeschlagenes Buch, eine Geisel und ein Totenkopf. Die Profilrahmung wird außen begleitet durch Lilien, Rosen und Perlenschnüren. Unter der Namenskartusche sieht man einen Rosenkranz, die von ihr abgelegte Krone, Szepter und Hermelinmantel. Klauber stach nicht nur dieses Andachtsbildchen, sondern verlegte es auch.

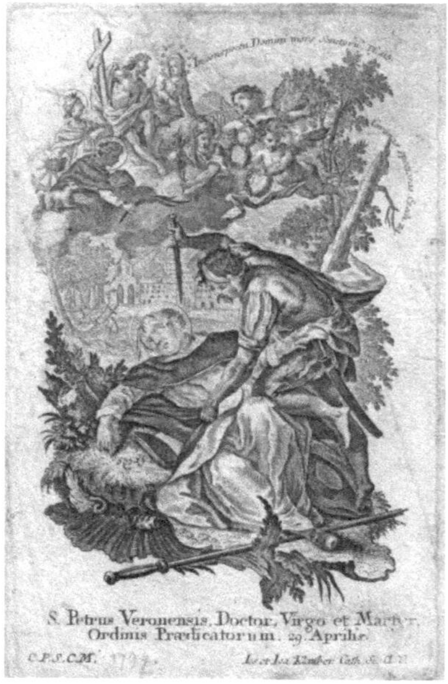

46: Hl. Petrus von Verona

14,8 x 9,2 cm, beschrifet u.: *C.P.S.C.M. / Ios. et Ioa. Klauber Cath. Sc. A.V.*

Man sieht die Ermordung von *S. Petrus Veronensis, Doctor, Virgo et Martyr,* der am 29. April seinen Gedenktag hat, in der Kleidung der Dominikaner. Im Hintergrund das Kloster, wo er Prior war. Über ihm schwebt auf Wolken Christus mit Maria, Katharina mit Rad, Dominikus mit Hund (?) und eine Heilige mit Lilie, sowie zwei Engel, welche drei Martyrerkränze halten.

Dem Bildchen fehlt, wie im Rokoko fast üblich, eine Rahmung. Lediglich unten lagert der Heilige auf einem ornamental gestalteten Erdstück."-

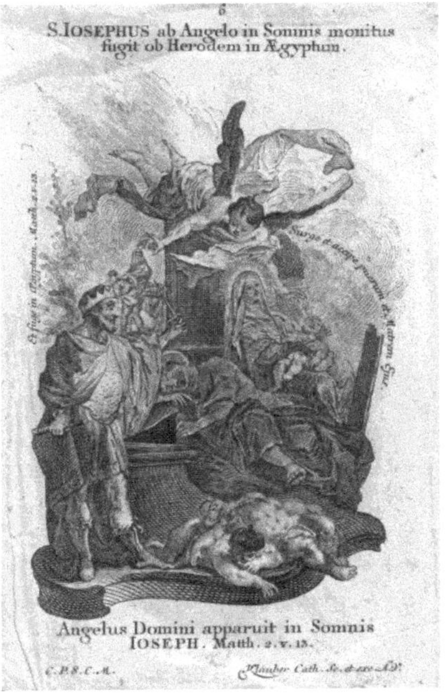

47: Josephs Traum

Kupferstich 10,7 x 15,3 cm, beschriftet: *C.P.S.C.M. / Klauber Cath. Sc. et exc. A.V.*

Der Bildinhalt ist oben in einem Text zusammengefasst: *S. Iosephus ab Angelo in Somnis monitus / fugit ob Herodem in AEgyptm.* In der Bildmitte träumt, stark verschattet, Joseph: *Angelus Domini apparuit in Somnis IOSEPH. Matth. 2.V.13*, wie es unten steht, und *Et fuge in Aegyptum. Matth. 2.V. 13* (li. Rand) und *Surge et accipe puerum et Matron Ejus* (re. Rand). Links vor dem Träumenden steht Herodes in antikem Königsornat, in einer Hand den Herrscherstab, in der anderen ein Schwert. Ihm zu Füßen liegen getötete Kinder. Rechts hinter Joseph sitzt Maria mit ihrem Kind auf ihrem Schoß. Um beider Haupt ist ein Strahlenkranz. Ein Engel, welcher über allem schwebt hält schützend eine Hand über Maria mit Kind, mit der anderen wehrt er Herodes mit Schwert. Links von der Mittelsäule sieht man, im Hintergrund, wie Joseph den Esel, auf welchem Maria mit Kind sitzt, nach Ägypten führt.

Vor allem die geschwungene Grundplatte läßt diesen Stich in die Mitte des 18. Jahrhunderts datieren. Interessant ist die Lage des Engels, welcher aus der Tiefe heraus fliegt.

Dieser Stich ist das 6. Bild einer Serie von Illustrationen des Neuen Testaments, welche im katholischen Verlag Johann und Joseph Klauber erschien.

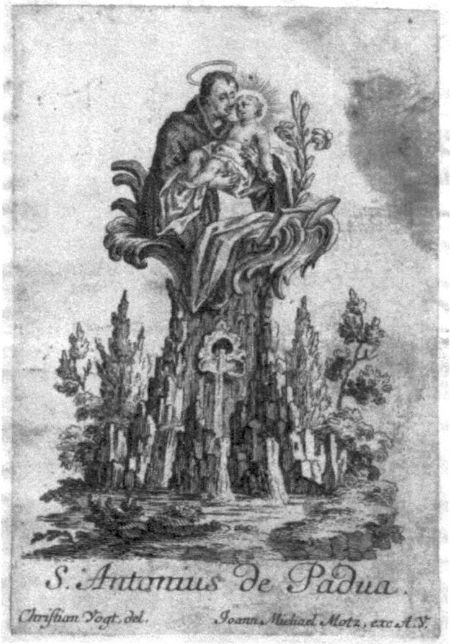

48: Hl. Antonius von Padua

Kupferstich, 10,2 x 6,9 cm, beschriftet u.: *Christian Vogt del. / Joann Michael Motz, exc. A.V.*

Das Andachtsbildchen wurde von Christian Vogt entworfen. Es zeigt Antonius mit Jesuskind, Buch und Lilie, wie er wie eine Blüte aus Steinstengel, aus dem eine Quelle entspringt, entwächst.

Das Bildchen erschien beim Augsburger Verlag von Johann Michael Motz (aktiv 1722 – 1743)[26], der vielleicht auch stach. Anfang der 1740er Jahren könnte dieses Bildchen auch entstanden sein.

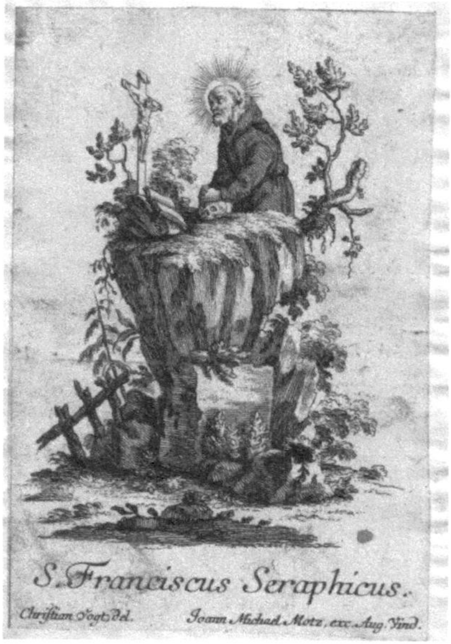

49: Hl. Franziskus

Kupferstich, 6,9 x 10,2 cm (Platte), beschriftet u.: *Christian Vogt del. / Joann Michael Motz, exc. Aug. Vind.*

Der Stich zeigt den engelgleichen hl. Franziskus wie er, auf einen Totenkopf gestützt, vor einem Kreuz, vor dem ein aufgeschlagenes Buch liegt, betet. Er ist auf einem Felsen, dem einzelne Äste und Blätter entwachsen.

Dieser Stich gehört zur gleichen Serie wie der vorige „Antonius-Stich“.

---

[26] Künast, Hans-Jörg: Dokumentation: Augsburger Buchdrucker und Verleger, in: Gier, Helmut u. Janota, Johannes (Hg.): Augsburger Buchdruck und Verlagswesen, Wiesbaden 1997, S. 1287

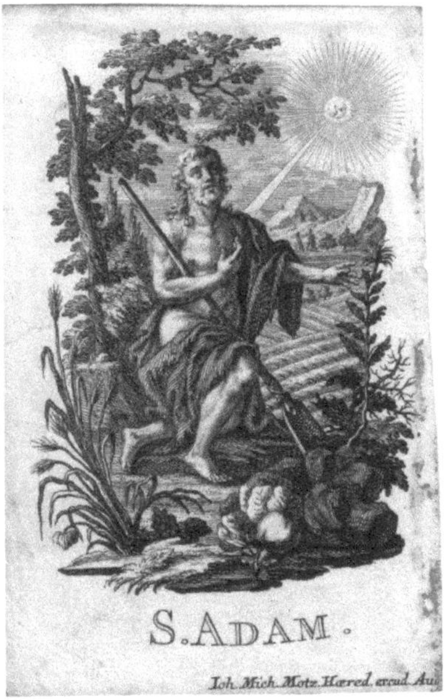

50:Hl. Adam

Kupferstich, 9 x 14,5 cm, beschr. u.: *Ioh. Mich. Motz, Hoered. excud Aug*

Adam, der ein Christus-Gesicht hat, kniet in der neu erschaffenen Welt. Er hält eine Schäferschippe. Dankbar blickt er zum Schöpfer empor.
Der Oberkörper des Adam ist etwas zu lang gerate, seine Beinstellung ist verzeichnet. Durch einen dunklen Vordergrund und einen lichten Hintergrund versucht das Bild Tiefe zu erhalten.
Der Stecher beherrscht sein Metier durchaus. Er gleicht die Strichführung an und versteht es, unterschiedlichste Helligkeiten zu schaffen.
Die Beschriftung besagt, dass dieser Stich im Verlag von Johann Michael Motz in Augsburg erschien.

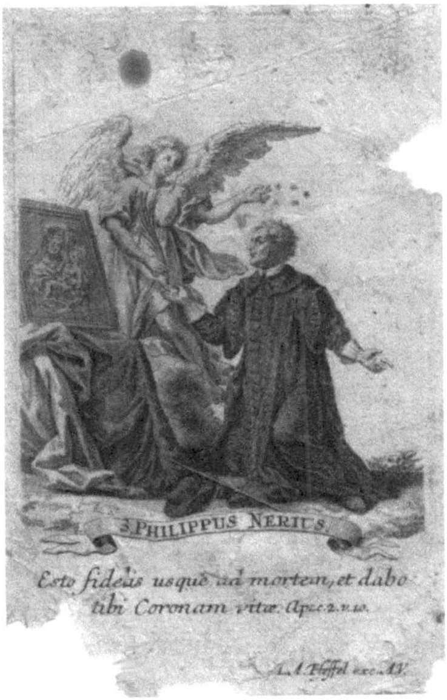

51: Hl. Philipp Neri

Kupferstich, 7,5 x 12,5 cm, beschriftet unten: *I.A.Pfeffel exc. A.V.*

Der Heilige erlebt eine Marienerscheinung. Ein Engel krönt ihn mit sieben (vielleicht erinnernd an die sieben Pilgerkirchen Roms) Sternen und reicht ihm einen Palmzweig, obwohl Philipp kein Martyrer ist. Zu seinen Füßen liegt ein Wanderstab und –hut.
Der Stich wurde wohl von Johann Andreas II Pfeffel gestochen und verlegt (1715 – 1768). Begründbar ist dies aus der Rokoko-Bildauffassung, Der Stich ist sehr souverän und detailgenau ausgeführt. Sogar der Schatten des rechten Armes des Engels ist zu sehen.

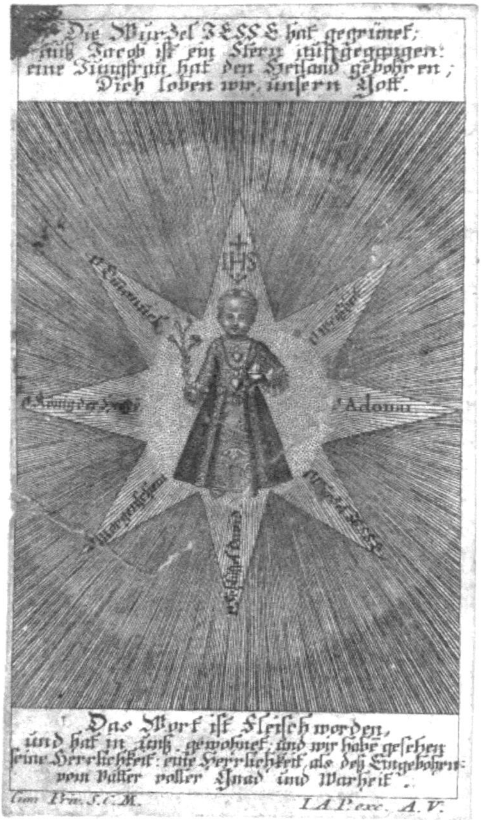

52:Jesuskind

Kupferstich, 11,5 x 6,4 cm, beschriftet unten: *Cum.Priv. S.C.M. / I.A.P.exc. A.V.* Überschrift: *Die Wurzel IESSE hat gegrünet / aus Jacob ist ein Stern aufgegangen / eine Jungfrau, hat den heiland gebohren,*
/ Dich loben wir, unsern Gott. Unterschrift: *Das Wort ist Fleisch worden, / und hat in uns gewohnet und wir habe gesehen / seine Herrlichkeit: eine Herrlichkeit, als deß Eingebohrn:*
/ vom Vatter voller Gnad und Warheit.

Achtstrahliger Stern. In jedem Strahl stehe eine andere Bezeichnung für Christus, im Zentrum steht ein bekleidetes Jesuskind (wohl ein Gnadenbild. Es hält eine Lilie und eine Weltkugel in den Händen. Der mittlere Kreis besteht aus Punkten, ansonsten Strichen. Recht detailreich
ist das Kleid wiedergegeben.
Die Bezeichnung I.A.P. dürfte für Johann Andreas Pfeffel stehen, in dessen Verlag dieses Andachtsbildchen vertrieben wurde.

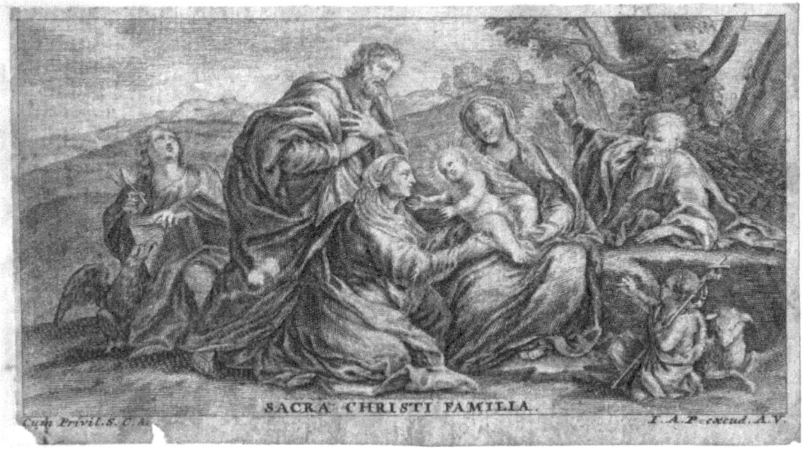

53: Heilige Familie

Kupferstich, 11,3 x 6,6 cm, beschriftet unten: *Cum Privil. S.C.M. / I.A.P. excud. A.V.*

In einer Landschaft sieht man die *SACRA CHRISTI FAMILIA.* Auf einem Steinblock sitzt Maria, hinter ihr Joseph. Maria gibt ihr Kind ihrer Mutter Anna oder Elisabeth. Hinter der Frau steht ihr Mann Joachim, vielleicht auch Zacharias. Vor dem Stein kniet der Johannesknabe mit Ecce-Agnus-Stab (dies würde dafür sprechen, dass es sich hier um Elisabeth handelt!) und bei ihm ein Lämmchen. Links erkennt man den Evangelisten Johannes mit seinem Symboltier, dem Adler, wie er, zum Himmel blickend, sein Evangelium oder die Offenbarung schreibt. Da Johannes Ev. weder mit Jesus verwandt war, noch sein Evangelium von der Kindheit von Jesus erzählt, ist er hier deplaziert.

Die faltenreichen Kleider über voluminösen Körpern weisen auf den Hochbarock hin. Das rechteckige Format könnte bedeuten, dass der Stich nach einem Predellabild gemacht wurde.
Der Stecher zeigt hervorragendes technisches Können. Er passt den Strichverlauf der Landschaft und der Kleidung an.
Die Bezeichnung I.A.P. dürfte für Johann Andreas Pfeffel stehen, in dessen Verlag dieses Andachtsbildchen vertrieben wurde.

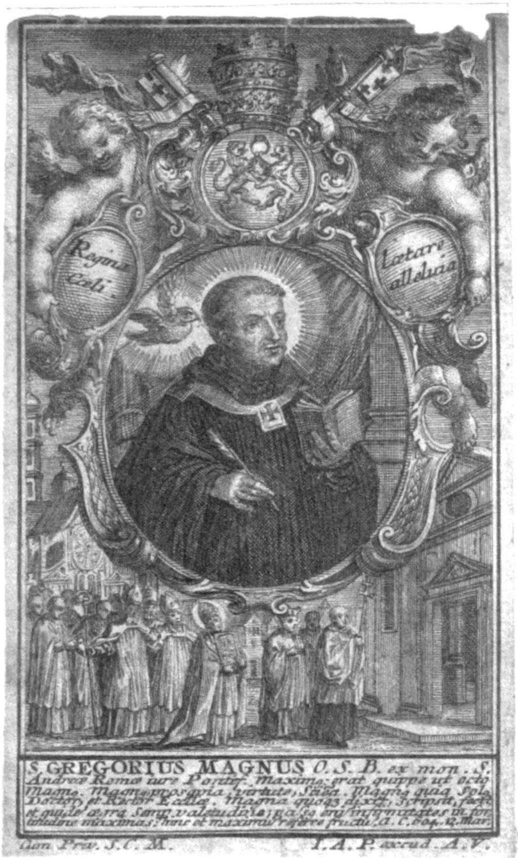

54: Hl. Gregor d. Gr.

Kupferstich, 11,6 x 6,7 cm, beschriftet unten: *Cum.Priv.S.C.M. / I.A.P. excud. A.V.*

In einem Rahmen sieht man das Brustbild von Papst und Kirchenlehrer *S GREGORIUS MAGNUS O.S.B.* in der Kutte eines Benediktiners. In den Händen Buch und Schreibfeder, an seinem Ohr die Hl.-Geist-Taube. Über ihm sein Wappen, darüber die Tiara und die beiden Schlüssel des Petrus. Seitlich halten zwei Putten Schilder auf denen steht: *Regina coeli* bzw. *Laetare alleluia.* Unten erkennt man die Übertragung eines Gnadenbildes durch den Papst in eine Kirche. Im Hintergrund sieht man Häuser und eine große Kirche mit einem Barock-Turm. Die Unterschrift erzählt in Stichpunkten das Leben Gregors.

Die Ornamentik am Rahmen, sowie die voluminösen Putten weisen dieses Bildchen noch ins 17. Jahrhundert.

Der Stich ist technisch hochwertig ausgeführt

Die Bezeichnung I.A.P. dürfte für Johann Andreas Pfeffel stehen, in dessen Verlag dieses Andachtsbildchen vertrieben wurde.

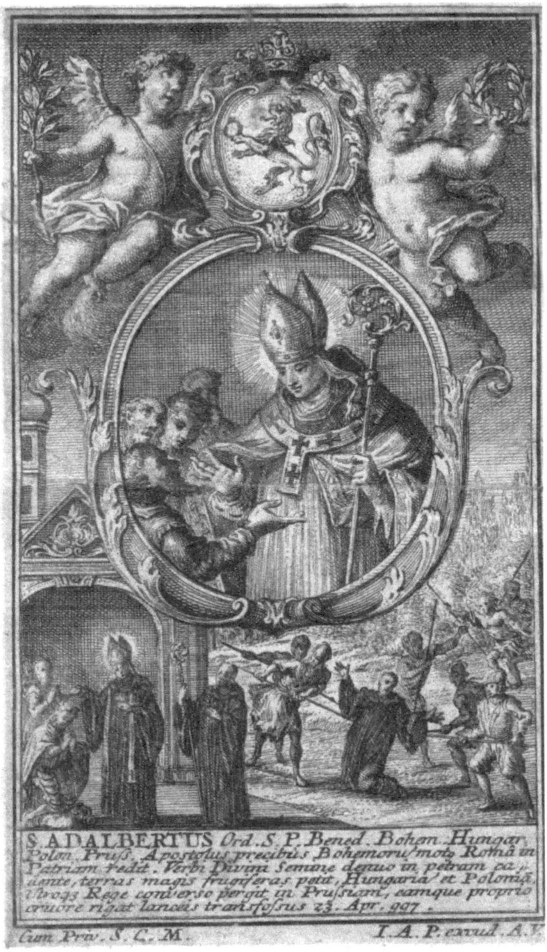

55: Hl. Adalbert von Prag

Kupferstich, 11,4 x 6,6 cm, beschriftet unten: *Cum.Priv.S.C.M. / I.A.P. excud. A.V.*

In einem Medaillon zeigt sich *S.ADALBETUS Ord.S.P.Bened.* , Bischof von Prag, wie er sich mit einen Adeligen und weiteren Personen unterhält. Über diesem Medaillon halten zwei Putten, der eine mit einem Lorbeerzweig, der andere mit einem Lorbeerkranz, ein Wappen mit dem böhmischen Löwen. Unten erkennt man die Taufe wohl des ungarischen Königs Stephan durch Adalbert und seine Ermordung durch die Pruzzen am Frischen Haff. Wie schon beim Bildchen vorher, so sieht man auch hier ganz links einen Kirchturm, welchem dem Turm von St. Ulrich in Augsburg gleicht.

Unten steht eine Kurzbiographie des Heiligen.

Die Ornamente und die Leiblichkeit der Putten lassen dieses Bildchen an das Ende des 17. Jahrhunderts datieren. Vielleicht ist es für ein Sammelwerk über heilige Benediktiner gedacht.

Der Stich ist technisch hochwertig und fein ausgeführt.

Die Bezeichnung I.A.P. dürfte für Johann Andreas Pfeffel stehen, in dessen Verlag dieses Andachtsbildchen vertrieben wurde.

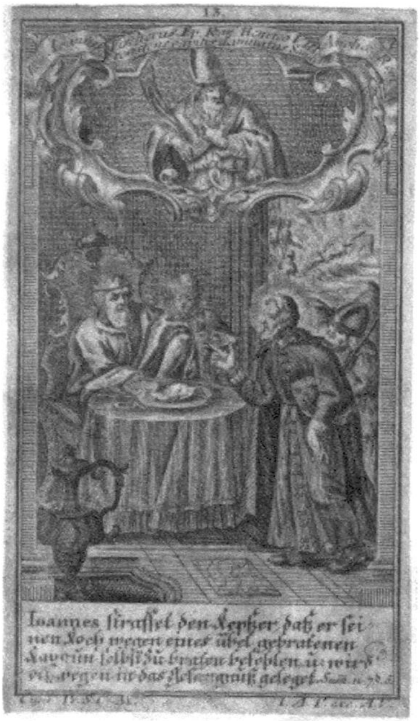

56: **Johannes Nepomuk kritisiert den König**

Kupferstich, 11,7 x 6,5 cm, beschriftet: *Cum. Pr.S.C.M. / I.A.P. exc. A.v. / 13*

Johannes Nepomuk kritisiert den Kaiser, der seinen Koch „braten" lässt, da dieser den ihm vorgesetzten Kapaun nicht genügend gebraten hat. In der Kartusche einen hl. Bischof mit Martyrerpalme und der Beschriftung: a? *Ioannes Fischerus Ep.Reff. Henrico VIII.Feaistens cavitis ilaninatus Anolia Reg.* Hier ist also der hl. Johannes Fischer zu sehen.

Die Bezeichnung I.A.P. dürfte für „Johann Andreas Pfeffel" stehen, in dessen Verlag dieses Andachtsbildchen vertrieben wurde. Wie die Zahl „13" zeigt, ist dieses Bildchen wohl aus einer Serie von Heiligen.

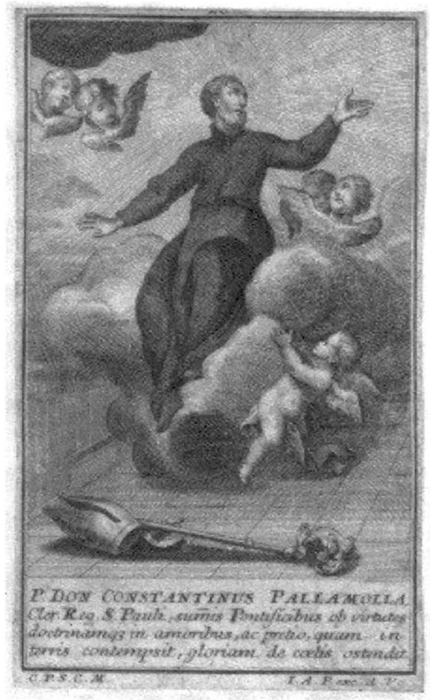

57: **Konstantin Pallamolla**

Kupferstich, 11,1 x 6,7 cm, beschriftet: *C.P.S.C.M. / I.A.P. exc. A.V.*

Wie die Unterschrift nennt, sieht man hier *P.Don Constantinus Pallamolla.* Er hat Mitra und Bischofstab zurückgelassen und wird, begleitet von einem Putto und geflügelten Engelköpfen, auf einer Wolke in den Himmel entrückt.

Die Bezeichnung I.A.P. dürfte für Johann Andreas Pfeffel stehen, in dessen Verlag dieses Andachtsbildchen vertrieben wurde.

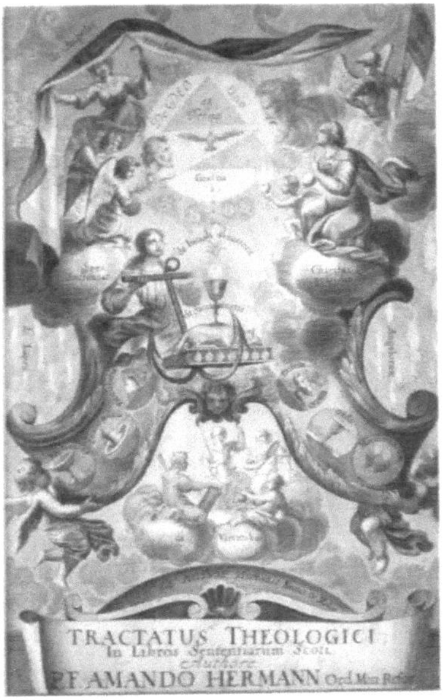

58: Theologischer Traktt

Kupferstich, 17,8 x 28,4 cm (Platte) 16,7 x 27,4 cm (Bild), beschriftet unten: *del Anto: Lublinski Can. Reg: Olomuty / Joann Ulrich Kraus*

Es handelt sich um Seite 7 des Buches „Tractus Theologici, in Libros Sententiarum Scoti von ,amando Hermann Ord.Min.Ref., welches 1690 in Frankfurt erschien.[27]

Der Entwurf von Anton Lubinski ist zwar recht symbolträchtig, die künstlerische Qualität jedoch recht bescheiden.

Gestochen wurde von Johann Ulrich Kraus (1655 – 1719), der in Augsburg auch einen Verlag betrieb. Er zeigt eine souveräne Beherrschung des Stichels: der Form angepasste Linien z.B. bei den Wolken, Gitter zur Verdunklung, sehr kurze Linien, Vorläufer von Punkten z.B. bei dem Wort „et Trino

[27] Ein Exemplar befindet sich in der Bayerischen Staatsbibliothek in München.

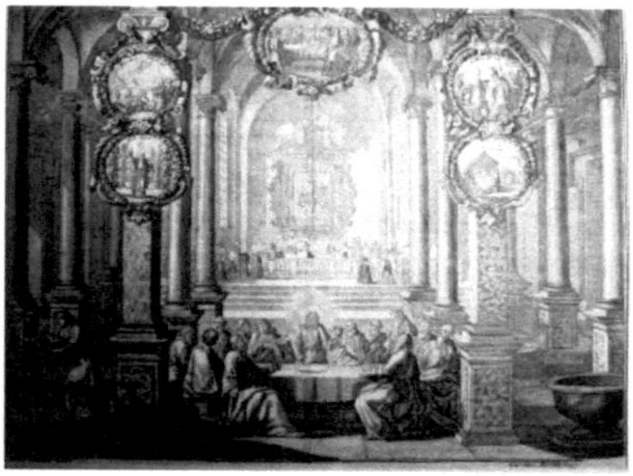

59: Einsetzung der Eucharistie

Kupferstich, 34 x 24 cm (Platte), 30 x 23,3 cm (Bild), unten beschrifete: *I.A. Thelott delin. / Carolus Rembshart*

In einem zentralperspektivisch angelegten, barocken (vgl. ionische Kapitelle) fünfschiffigen Kirchen-raum sieht man im Hintergrund einen hochbarocken Altar mit gesprengtem Giebel. Das Altarbild, auf dem man einige Personen erahnen, vielleicht die zwölf Apostel, erahnen kann wird durch einen Leuchter verdeckt. Im Altarraum wird links die Hostie ausgeteilt und rechts der Kelch gereicht. Es handelt sich hier also um einen evang. Gottesdienst. Im Vordergrund sieht man das „Letzte Abendmahl". Christus spricht gerade die Segensworte: „Das ist mein Blut". Rechts von ihm ist Johannes und links Petrus zu identifizieren. Judas hingegen ist nicht eindeutig auszumachen. Ein Diener trägt links Teller, zwei Brote und ein Tuch weg. Vor dem linken Vordergrundpfeiler sieht man einen Wasserkrug, ein Becken und zwei Salbgefäße, mit denen Christus seinen Jüngern die Füße wusch. Das Becken ganz recht könnte ein Taufbecken sein. An den Säulen und der Decke hängen fünf Bilder. Sie sind mit Blätterrahmen gerahmt und Blumengirlanden verbinden sie. Auch diese erlauben eine Datierung noch ins 17. Jahrhundert. Auf den Bildern steht die Bibelstelle, auf welche sich die dargestellten Inhalte beziehen: (von li.) Ioh. 15,1 (Ich bin der Wahre Weinstock), 2. Moses 16, 15 (Mannasammlung) und Ioh. 4, 48 (Wenn ihr nicht Zeichen und Wunder seht…) 2 Moses 12, 3 (Verzehr des Paschalammes) 1 Moses 14, 18 (Melchisedek), 5 Moses 12, 6,7, 11, 12) (von Gott erwählte Opferstätte) und 1. Cor. 10, 16.

Der Entwurf für diesen Stich stammt von Johann Andreas Thelott (1655 – 1734). Er legt den Raum richtig in Zentralperspektive an. Das Zentrum ist der Kirchenleuchter. Die „Kommunion" im Hintergrund ist detailverliebt und zeigt, mit der Lupe betrachtet, die damalige Praxis. Die Wiedergabe der Apostel hat einige Schwächen.

Der Stecher ist Karl Rembshart (1678 – 1735). Er ist ein beeindruckender Handwerker, welcher sogar kleinste Szenen, wie die Inhalte der Säulenbilder, noch gut darstellen kann.

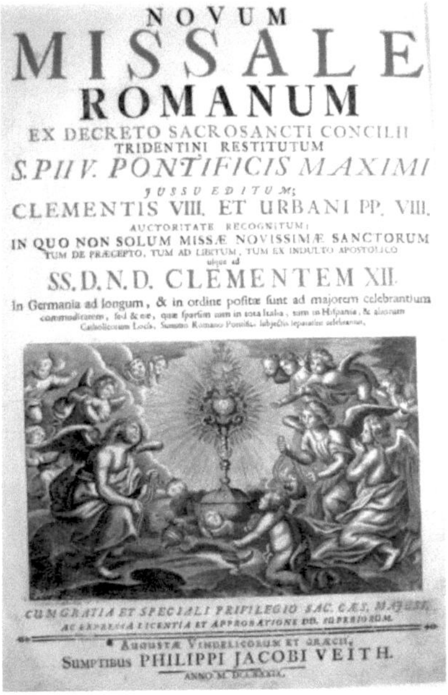

NOVUM
MISSALE
ROMANUM
EX DECRETO SACROSANCTI CONCILII
TRIDENTINI RESTITUTUM
S. PII V. PONTIFICIS MAXIMI
JUSSU EDITUM;
CLEMENTIS VIII. ET URBANI PP. VIII.
AUCTORITATE RECOGNITUM;
IN QUO NON SOLUM MISSÆ NOVISSIMÆ SANCTORUM
TUM DE PRÆCEPTO, TUM AD LIBITUM, TUM EX INDULTO APOSTOLICO
usque ad
SS. D. N. D. CLEMENTEM XII.
In Germania ad longum, & in ordine positæ sunt ad majorem celebrantium

CUM GRATIA ET SPECIALI PRIVILEGIO SAC. CÆS. MAJEST.
AC EXPRESSA LICENTIA ET APPROBATIONE DD. SUPERIORUM.
AUGUSTÆ VINDELICORUM ET GRÆCII,
SUMPTIBUS PHILIPPI JACOBI VEITH.
ANNO M. DCCXXXIX.

60: Titelblatt eines Missale Romanum

Auf dem Titelblatt (18 x 30,5 cm) ein Kupferstich (17,2 x 11,6 cm). Der Stich ist unten bezeichnet mit *Georg Wilhelm Salomusmüller* (1689 – 1722 ?).[28]

Das Missale erschien bei Philipp Jakob Veith[29] in Augsburg *ANNO M. DCCXXXIX* (1739). Da jedoch ein Georg Wilhelm Salomusmüller, wohl der Entwerfer dieses Stiches, schon 1722 starb, dürfte der Stich schon älter sein, oder von einer früheren Auflage stammen, oder, auch sein Sohn hieß Georg Wilhelm.

Im Zentrum steht eine Strahlenmonstranz. Die Hostie zeigt klein das Kreuz mit Maria und Johannes. Die Akanthus an der Monstranz weist darauf hin, dass der Stich um 1700 zu datieren ist, die Engel könnten sogar noch ins 17. Jahrhundert weisen.

Die Zeichnung der Engel ist recht einfach, manche Gesichter sind scheibenartig, während die Stichtechnik meisterhaft ist.

Der Stich könnte von Bernhart Söckler (1700 – 1767) gestochen worden sein, da dieser anscheinend die Stiche zu diesem Missale lieferte (vgl. Nr. 59).

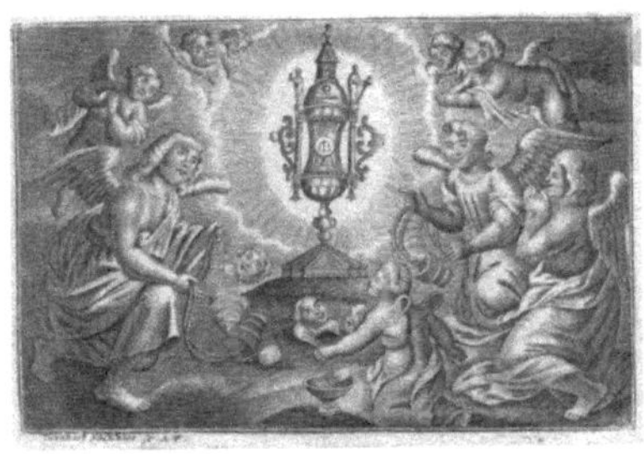

61: Engel verehren die Eucharistie

Kupferstich, 8,1 x 12 cm beschriftet u.re: *Bernhart Söckhler sc. A.V.*

Engel verehren den in einer Monstranz ausgestellten „Leib Christi".

Es handelt sich hier um einen reduzierten Stich auf dem Titel der „Novum Missale Romanum", welches 1739 herauskam und dessen Stiche von Bernhart Söck(h)ler (1700 – 1767) sind.

[28] siehe ein anderes Missale mit Vignette von Salomusmüller in: Gier, Helmut u. Janota, Johannes (Hg.): Augsburger Buchdruck und Verlagswesen, Wiesbaden 1997, S. 839, Anm. 228

[29] Gier, Helmut u. Janota, Johannes (Hg.): Augsburger Buchdruck und Verlagswesen, Wiesbaden 1997, S. 1266/67

62 - 70: Ripa: Iconologie

Die folgenden Stiche sind aus Pars ... des berühmten Italiänischen Ritters Caesaris Ripae allerley Künsten, und Wissenschaften dienlicher Sinnbildern, und Gedancken, Augsburg, bei Hertel (exc.) um 1750. Die Stiche wurden von Gottfried Eichler d.J. (1715 – 1770) entworfen (del.). Die Stecher sind Jeremias Wachsmuth (um 1711 – 1771), Jakob Wangner ((um 1703 – 11781), Christian Hallbauer ((um 1718 – 1775) (sculp.).

Die Kupferstiche sind ca. 20 x 13 cm groß, beschriftet und nummeriert.

Lit.: Des berühmten italiänischen Ritters Caesaris Ripae allerley Künsten und Wissenschafften dienliche Sinnbilder und Gedancken verlegt bei Johann Georg Hertel in Augsburg (Exemplare finden sich in der Augsburger Staats- und Stadtbibliothek und in der Bayerischen Staatsbibliothek); Cesare Ripa Baroque and Romcoco pictorial imagery, Introduction, translations und 200 commentaries, von Edward A. Maser, New York1971; Gier, Helmut u. Janota Johannes: Augsburger Buchdruck und Verlagswesen, Wiesbaden 1997, ,S. 851 ff.

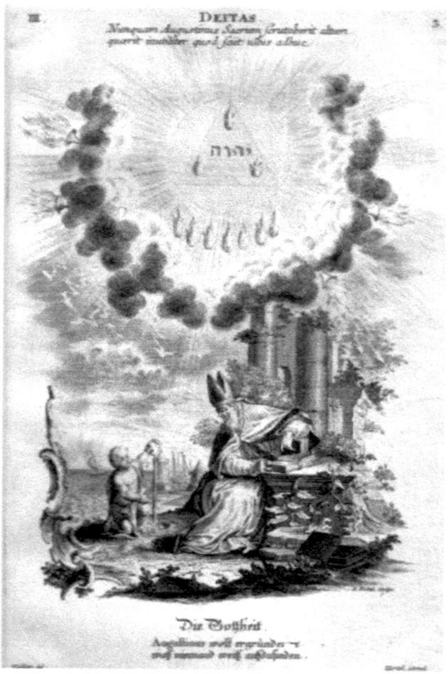

62: Die Gottheit
Eichler del. / Hertel excud / 3

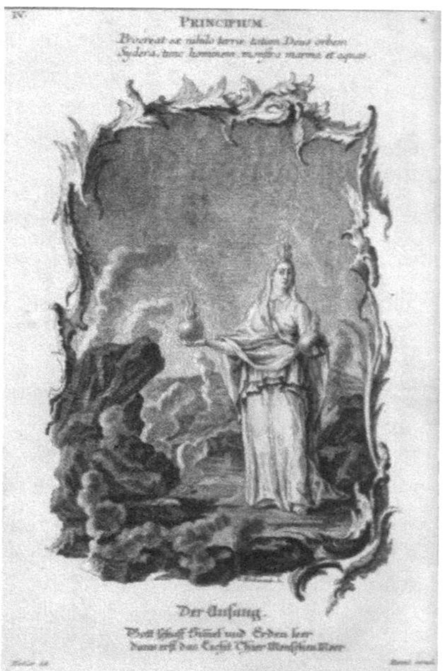

63: Der Anfang
Eichler del. / Hertel excud. / 4

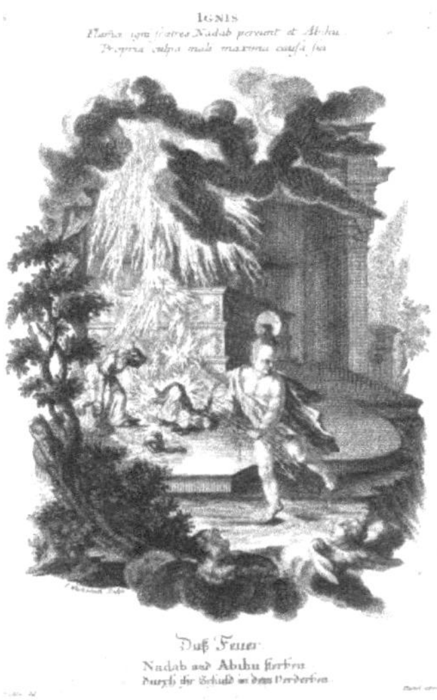

64: Das Feuer
Wachsmuth, Sculps / Eichler, del. / Hertel, excud / 10

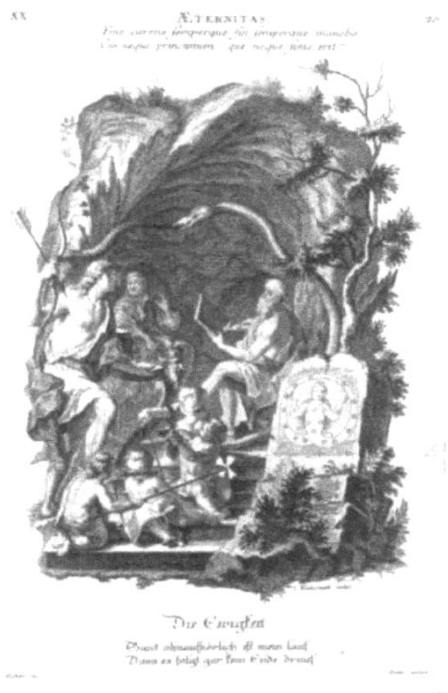

65: Die Ewigkeit
Wachsmuth sculp / Eichler del, Hertel excud / 20

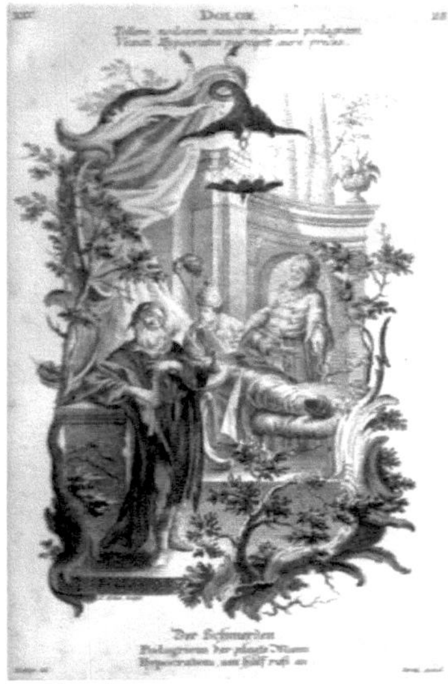

66: Die Schmerzen
Eichler del. / Hertel, excud /25

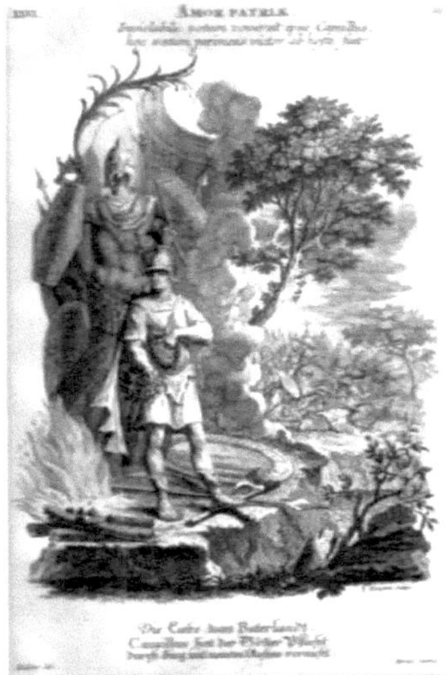

67: Die Liebe zum Vaterland
Eichler del. / Hertel excud / 26

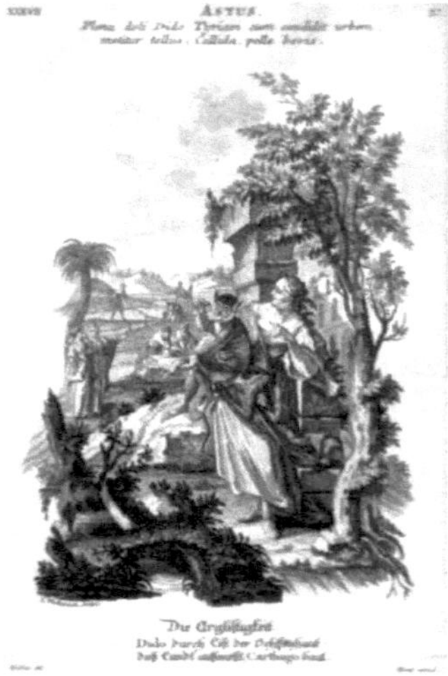

68: Die Arglistigkeit
Eichler del. / Hertel excud. / 37

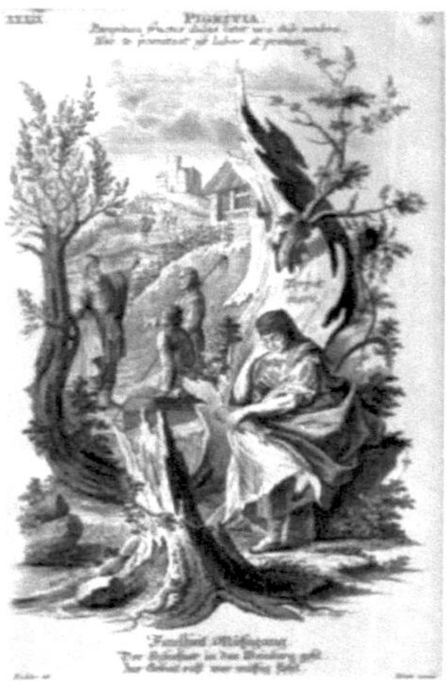

69: Faulheit, Müßiggang
Eichler del. / Hertel excud. / 39

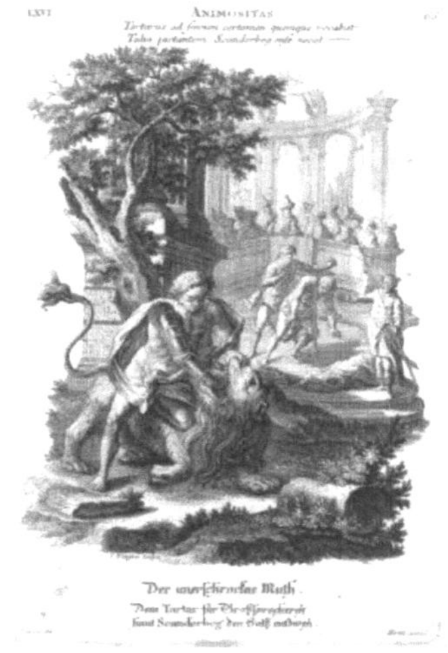

70: Der unerschrockene Mut
I. Wagner Sculps / Eichler del. Hertel excud. / 66

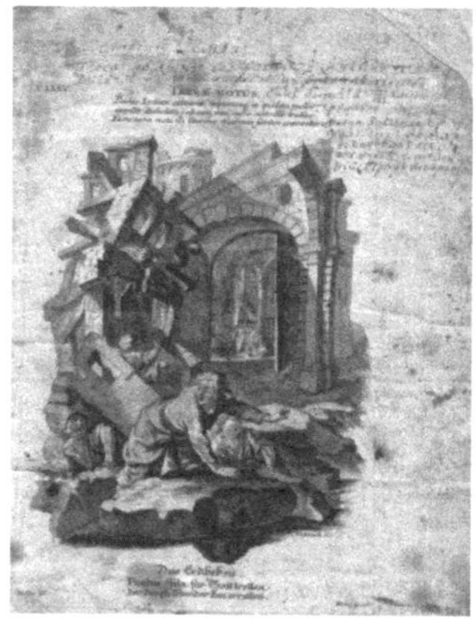

71 Das Erdbeben
Eichler del / I. Wachsmuth sc: / Hertel exc.

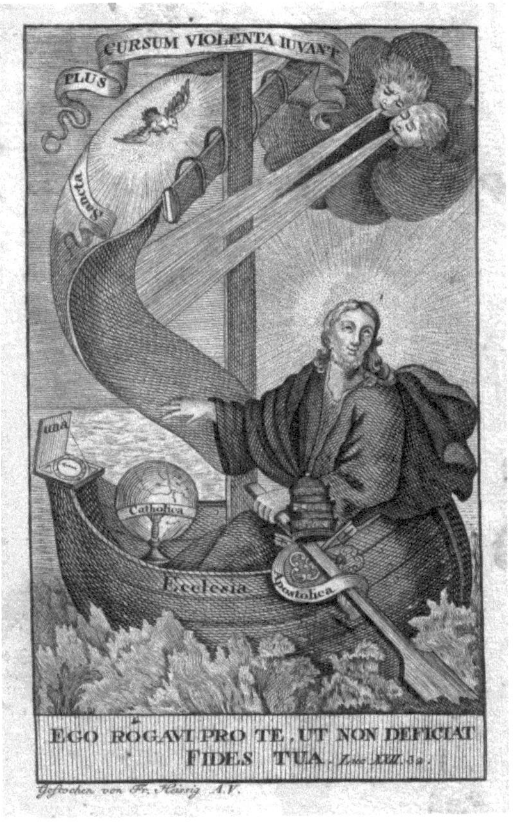

72: Christus steuert das Schifflein „Kirche" durch stürmische See.

9 x 15,2 cm (Platte) 8,1 x 13,9 cm (Bild), beschriftet unten;: *Gestochen von Fr. Heissig A.V.*

Der Bildinhalt erschließt sich hier auch durch Worte. So ist das Schifflein „Ecclesia" bezeichnet, am Ruder steht „Apostolica", am Globus „Catholica" und am Spruchband oben „PLUS SURSUM VIOLENTA IUVANT". Denkbar wäre auch, dass im Schifflein nicht Christus, sondern Petrus sitzt, denn zu seiner linken Hand sieht man eine Tiara und ein Schlüsselpaar.
Die Vorlage für diesen Stich ist recht bescheiden. Ob die vegetabilen Wellen vom Entwerfer oder vom Stecher verbrochen wurden ist nicht eindeutig. Der Stecher war der Augsburger Franz Heissig (aktiv 1739 – 1795). Heissig war zwar ein guter Handwerker, aber nicht mehr. So ist das Segel unlogisch am Mast befestigt und dem Globus fehlt es an Plastizität.
Der Stich ist einem Andachtsbüchlein entnommen.

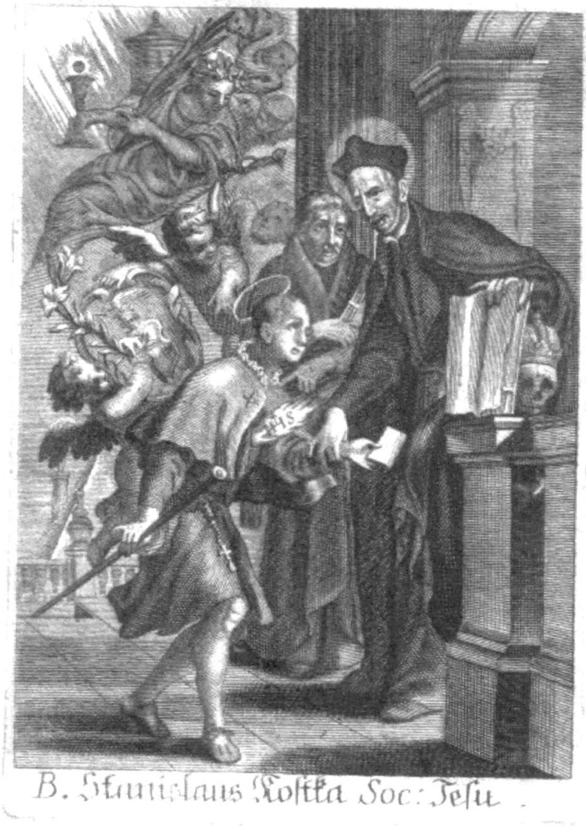

72: Stanislaus Kostka SJ

Kupferstich, 14,1 x 9,6 (Platte)
Als Stanislaus Kostka bei einem Protestanten, wo er wohnte, der Zutritt eines Priesters mit der hl. Kommunion verwehrt, erhielt er sie von der hl. Barbara. Diese ist hier, mit Turm, li. oben zu sehen. Er ging über Dillingen, wo er Petrus Canisius traf, welcher hier ebenfalls zu sehen ist, nach Rom und wurde von Franz von Borja, hier rechts, in den Jesuitenorden aufgenommen.

Der Entwurf für diesen Stich stammt von Johann Andreas Wolff. Dieser Stich stammt vielleicht von Michael Wening, 1695. Es gibt noch einen, zu diesem seitenverkehrten Stich von Karl Gustav Amling. Wolfs Entwurf oder dieser Stich waren vielleicht Anregungen für Johann Georg Bergmüllers gleichthematischem Seitenaltarbild in der ehem. Jesuitenkirche in Landsberg a.L. [30]

[30] Ein Wolf-Stich und ein Bergmüller-Altarblatt, in: Materialien, H. 12, S.14; Epple/Straßer G 216, S. 208

73 - 112: Stiche von Gottfried Bernhard Göz in einem Gebetbüchlein

In einem handgeschriebenen Büchlein: „*Christiches Hand Buch / geschriben vom Joseph Adler / Im Jahre 1772*" sind Kupferstiche von Gottfried Bernhard Göz eingebunden.

Das Büchlein hat die Größe 17 x 11 cm. Die Druckplatten der Kupferstiche sind ca. 15,6 x 9 cm. Alle Stiche haben einen Über- und einen Unter-Text, auf Latein und Deutsch. Die meisten Stiche sind unten beschriftet mit *Cum Prvil. S.Caes.M. / G.B.Göz inv. del. et Sc. A.V.* Danach war Göz Zeichner der Entwürfe und Stecher. Bei einigen Stichen nennt sich Göz Hofmaler und –stecher Diesen Titel führte er ab 1744.[31] Einige Stiche haben oben eine Nummerierung, welche jedoch nicht ihrer Anordnung in diesem Gebetbüchlein entspricht. Sie wurden also primär nicht für dieses Büchlein angefertigt. Hier werden die Stiche in der Reihenfolge gezeigt, wie sie in diesem Büchlein angeordnet sind.

Ein Teil dieser Stiche finden sich im Büchlein „*Christliche Tages=Zeiten. In auferbaulichen feinen Bildern*", erschienen 1766, mit Texten von Pater Sebastian Seiler und eben diesen Göz-Stichen. Damit lassen sich die Stiche auf 1765/66 datieren. Diese Stiche zeigen eine sehr feine Punktmanier. Gemeinsam ist diesen Bildern, dass auf einem Erdstück Personen agieren, oft im Hintergrund eine Nebenszene zu sehen ist und darüber auf Wolken Göttliches erscheint.[32]

Die letzten fünfzehn Stiche dieses Büchleins sind der „Kreuzweg". Hierzu gibt es (seitenverkehrte) Entwürfe[33]. Aufgrund eines in Öl gemalten Kreuzweges von Göz sind diese Stiche auf 1752/52 datierbar. Göz beschriftet diese Stiche mit „fecit". So ist nicht ganz sicher, ob er alle Stationen auch stach. Eine Beschreibung und Katalogisierung dieser Stiche gibt Wildmoser II (1-522-002 bis1-522-016). Sie unterbleibt deshalb hier.

abgekürzte Literatur.:

Wildmoser I = Wildmoser Rudolf: Gottfried Bernhard Göz als ausführender Kupferstecher, in: Jb. des Vereins für Augsburger Bistumsgeschichte, 18. Jg, 1984
Wildmoser II = Wildmoser Rudolf: Gottfried Bernhard Göz als ausführender Kupferstecher (Katalog), in: Jb. des Vereins für Augsburger Bistumsgeschichte, 18. Jg, 1985
Isphording I = Isphording,Eduard: Gottfried Bernhard Göz – Ölgemälde und Zeichnungen (Textband), Weißenhorn1982
Isphording II = Isphording,Eduard: Gottfried Bernhard Göz – Ölgemälde und Zeichnungen (Tafelband), Weißenhorn1982

---

[31] Wildmoser II, S. 261
[32] Wildmoser II985, S. 221 f. Isphording, S. 73
[33] Abgebildet bei Isphording II, Abb. 162 – 176 (Entwurfzeichnungen)

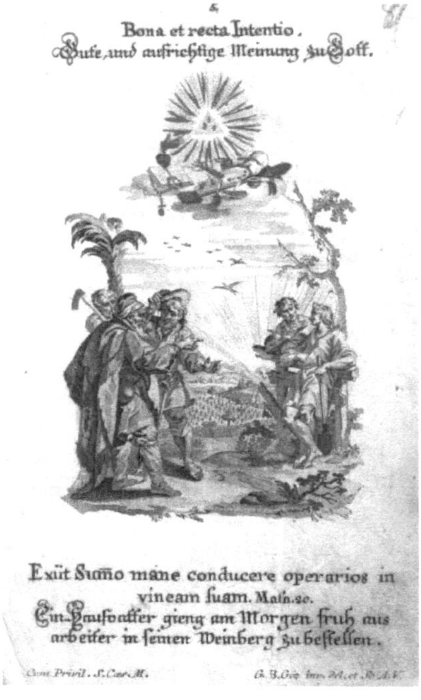

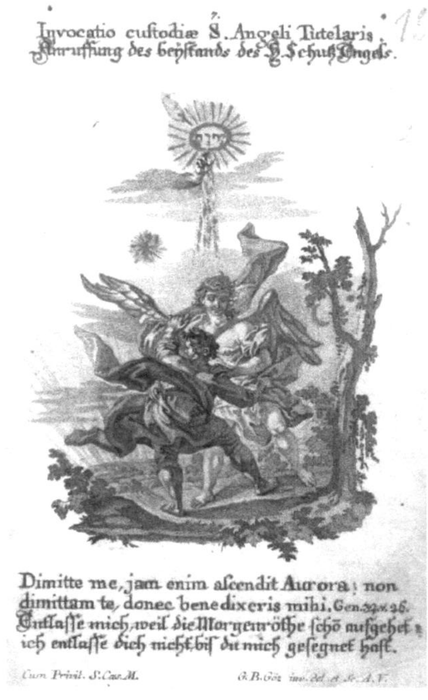

73: Arbeiter in den Weinberg

Beim Auge-Gottes im Himmel liegt ein Buch mit Herz und Rosenkranz, Schaufel, Hammer, Kelle, Palette, Schreibzeug und Gepäck, unten der „Hausvatter", der zwei Arbeiter für seinen Weinberg im Hintergrund wirbt. Zwei Jünglinge vertrödeln hingegen den Tag und werden erst in den letzten Stunden zum Arbeiten in den Weinberg gehen. (Mt 20). Die Vögel erinnern an Mt 6,26.
Der Stich gehört zu den „Christlichen Jahreszeiten" (Nr. 26). Wildmoser II, S. 322 (Kat.-Nr. 1-521-005) erläutert am Beispiel dieses Stichs die hervorragende Technik des „Punktstiches" bei Göz.

74: Jakob ringt mit dem Engel

Jakob ringt mit einem Engel, der im Auftrag Gottes kämpft, deshalb fallen vom JAHWE-Zeichen Strahlen auf den Engel.
Nach Wildmoser II (Kat.-Nr. 1-521-007). Der Stich gehört zu den „Christlichen Jahreszeiten" (Nr. 34)

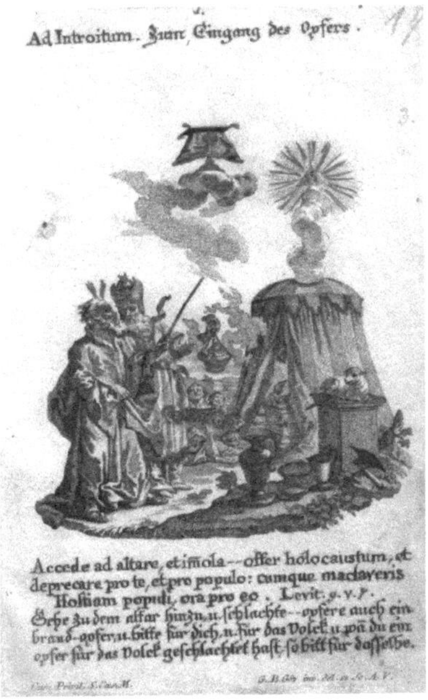

75: Moses und Aron

Moses und Aaron stehen vor dem Zelt, in dem sich die Bundeslade befindet. Im Hintergrund liegen Israeliten betend am Boden. Vor dem Zelt stehen Opfergaben. Auch ein Lamm, ein Hinweis auf das „Agnus Dei", soll geopfert werden. Über allem schwebt, auf einer Wolke, noch verhüllt, Kelch und Hostie, die Opfergaben des Neuen Bundes.

Nach Wildmoser II (Kat.-Nr. 1-521-008). Der Stich gehört zu den „Christlichen Jahreszeiten" (Nr. 38)

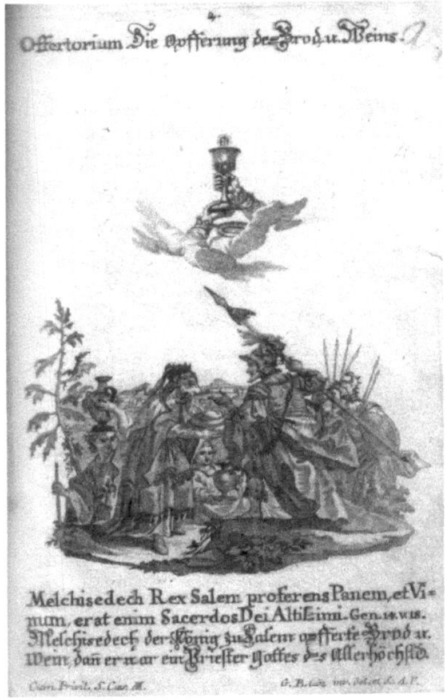

76: Melchisedech und Abraham

Melchisedech überreicht Abraham Brot und Wein und segnet ihn. Darüber, auf einer Wolke, sieht man die Hände eines Priesters, wie er bei der „Wandlung" den Hostiekelch hochhält.

Nach Wildmoser II (Kat.-Nr. 1-521-009). Der Stich gehört zu den „Christlichen Jahreszeiten" (Nr. 46)

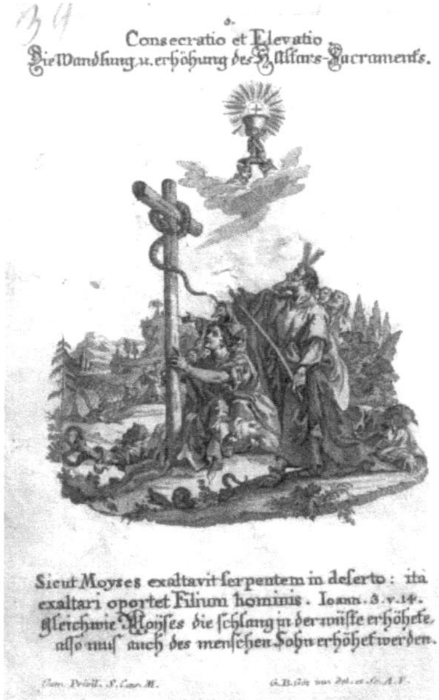

77: Die eherne Schlange

Zwei Israeliten liegen, von Schlangen umwunden, am Boden. Moses errichtet ein Kreuz mit einer Schlange, Israeliten im Hintergrund schauen auf dieses Zeichen. Darüber sieht man auf einer Wolke Priesterhände den Hostienk bei der „Wandlung" hochhalten.

Nach Wildmoser II (Kat.-Nr. 1-521-010). Der Stich gehört zu den „Christlichen Jahreszeiten" (Nr. 42) Zu diesem Stich gibt es eine (seitenverkehrte) Vorlagenzeichnung, welche allerdings etwas vom Stich abweicht.[34]

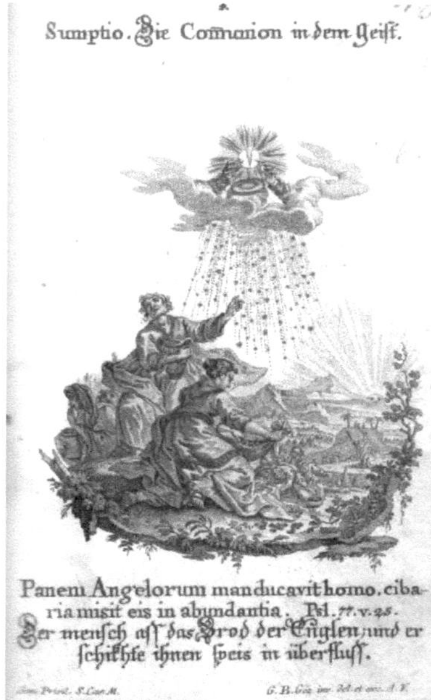

78: Manna

Israeliten sammeln das Manna, welches vom Himmel regnet. Im Hintergrund steht Moses mit „Hörnern" und erbittet diese Speise vom Himmel. Darüber halten, in einer Wolke, Priesterhände eine konsekrierte Hostie über einer Patene hoch und zeigen sie dem Volk.

Nach Wildmoser II (Kat.-Nr. 1-521-011). Der Stich gehört zu den „Christlichen Jahreszeiten" (Nr. 50) Zu diesem Stich gibt es eine (seitenverkehrte) Vorlagenzeichnung, welche allerdings etwas vom Stich abweicht.[35]

---

[34] Abgebildet bei Isphording; EduardGottfried Bernhard Göz, Ölgemälde und zeichnungen, Weißenhorn 1984,(Tafelband), Abb. 177

[35] Abgebildet bei Isphording; EduardGottfried Bernhard Göz, Ölgemälde und zeichnungen, Weißenhorn 1984,(Tafelband), Abb. 178

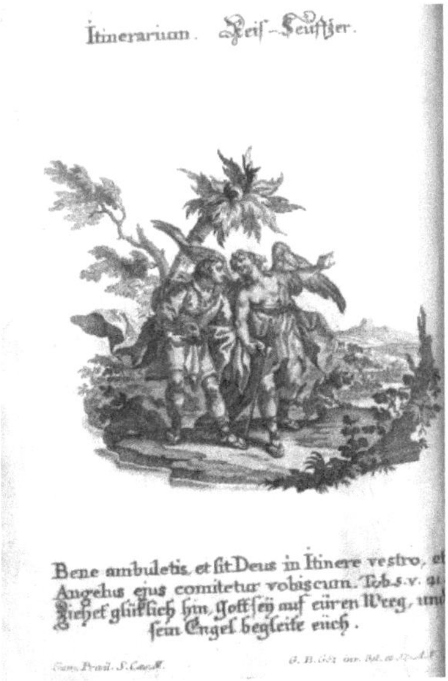

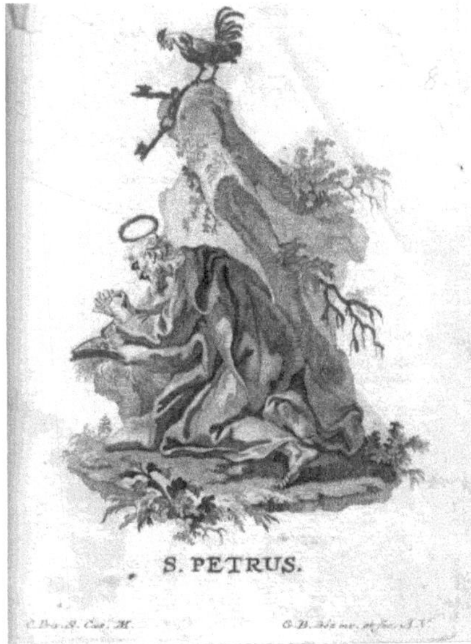

79: Raffael begleitet Tobias

Raffael begleitet Tobias, der einen Fisch trägt, auf der Reise.[36]

Nach Wildmoser II (Kat.-Nr. 1-521-012). Der Stich gehört zu den „Christlichen Jahreszeiten" (Nr. 54)

80 Petrus bereut

Petrus bereut, dass er, bevor der Hahn zweimal krähte, Christus dreimal verleugnete.

Diesen Stich fand ich nicht im Katalog WIldmoser II.

[36] Ausführliche Beschreibung bei Wildmoser 1984, S. 272, 273

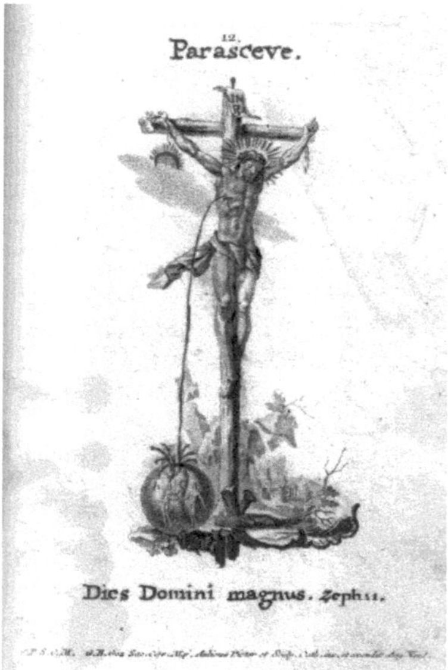

81: Das Blut Christi als Sühne für die Erbschuld

Kupferstich, beschriftet: *C.P.S.C.M. / G.B.Göz Sac. Caes Maj.: Aulicus Pictor et Sculp. Cath. inv. et excudit Aug.Vind.*

Ein Blutstrahl fließt aus der Seitenwunde Christi auf die Erde und erlöst das Menschengeschlecht von der Erbsünde, welche durch Adam und Eva in die Welt kam. So kann man in der Erdkugel erkennen, wie Eva den Apfel von der Schlange an Adam weiter gibt. Hinter dem Kreuz verfinstert sich die Sonne, man die die Felsen zerbersten, wie beim Tod von Christus. Im Hintergrund liegt Jerusalem.
Göz bezeichnet sich hier als „katholischer, kaiserlicher Hofmaler und -stecher", was eine Datierung einschränkt.
Bei Wildmoser II: Kat.Nr. 1-502-012.

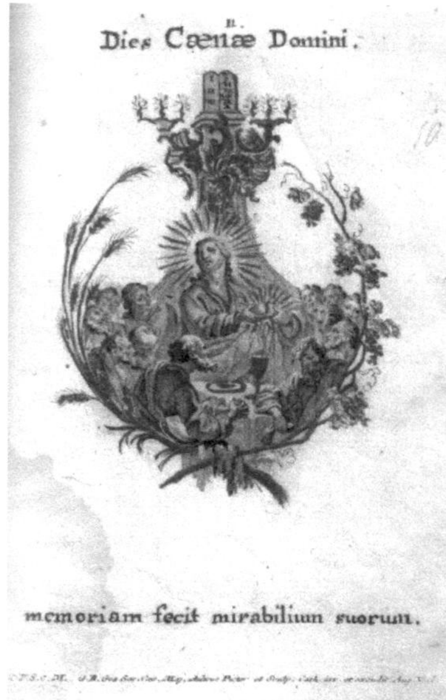

82: Das letzte Abendmahl

beschriftet: *C.P.S.C.M. / G.B.Göz Sac. Caes Maj.: Aulicus Pictor et Sculp. Cath. inv. et excudit Aug.Vind.*

Christus bricht beim letzten Abendmahl das Brot und reicht es seinen Jüngern, von denen im Vordergrund Petrus und Judas zu identifizieren sind. Über Christus sieht man die Gesetzestafeln von Moses. Gerahmt wird die Szene durch Ähren und Weinreben, eucharistische Symbole.
Göz bezeichnet sich hier als „katholischer, kaiserlicher Hofmaler und -stecher". Es gibt für diesen Stich eine (seitenverkehrte) Vorlagenzeichnung.[37] Bei Wildmoser II: Kat.Nr. 1-502-011.

[37] Der Entwurf ist abgebildet bei Isphording II, Abb. 260

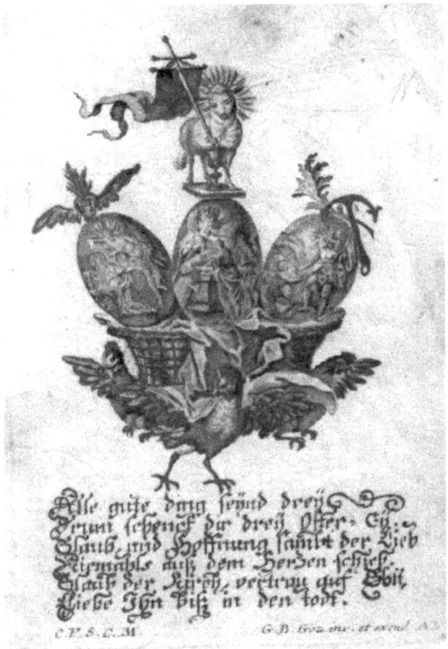

83: Ostern und Glaube, Hoffnung. Liebe

Drei Hühner tragen einen Korb, in dem sich drei Ostereier befinden. Die Eier sind bemalt mit folgenden Themen: Christus erscheint nach der Auferstehung seiner Mutter, die Frauen am leeren Grab, Christus in der Vorhölle. Auf den Eiern ist ein Herz (Liebe), ein Anker (Hoffnung) und das Osterlamm zu sehen.

Nach Wildmoser II: Kat.-Nr. 1-070-514.

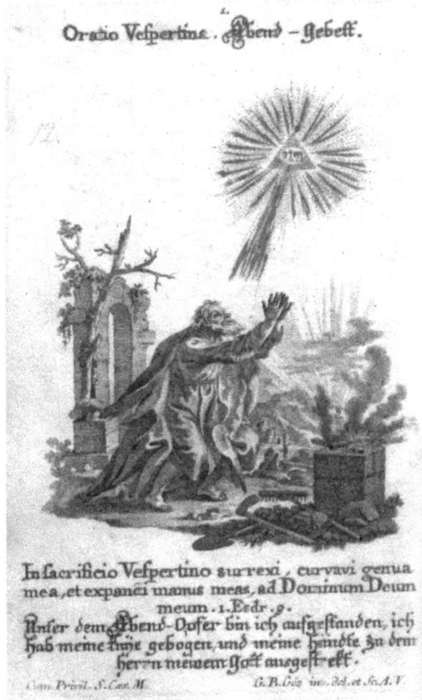

84: Esra dankt am Abend JAHWE

Das Tagwerk ist vollbracht, Esra hat sein Werkzeug vor den Altar gelegt, auf dem er JAHWE, zu dem er fleht, dass er das Opfer annehme, opfert.

Bei Wildmoser II: Kat.Nr. 1-521-013. An diesem Beispiel erläutert Wildmoser einiges zur Stichtechnik von Göz.[38] Der Stich gehört zu den „Christlichen Jahreszeiten" (Nr. 58)

[38] Wildmoser 1964, S. 320

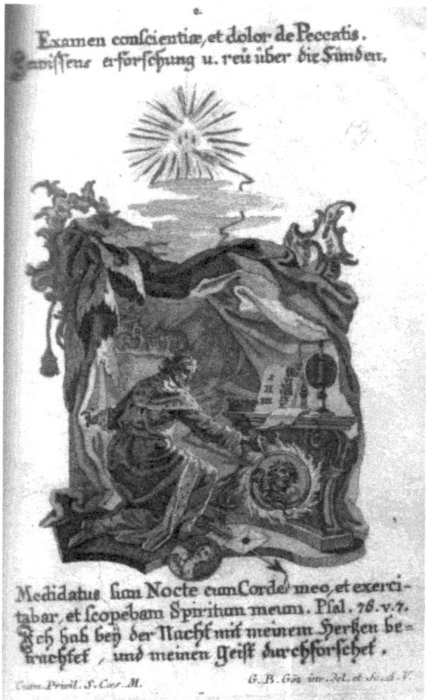

85: David bereut

David ist aus einem Bett aufgestanden und kniet vor einem Altar, auf dem die Gesetzestafeln des Moses und die Königskrone liegen. Vor ihm ist ein versiegelter Brief mit Pfeil, das Medaillon einer Frau und ein brennender Reif, in dem eine, von einer Schlange umwundenen Mann zu sehen ist. Dies ist ein Hinweis auf die Affäre Batseba. Aus dem Auge Gottes fährt ein Blitz in das Königszelt.

Bei Wildmoser II: Kat.-Nr. 1-521-014. Der Stich gehört zu den „Christlichen Jahreszeiten" (Nr. 62)

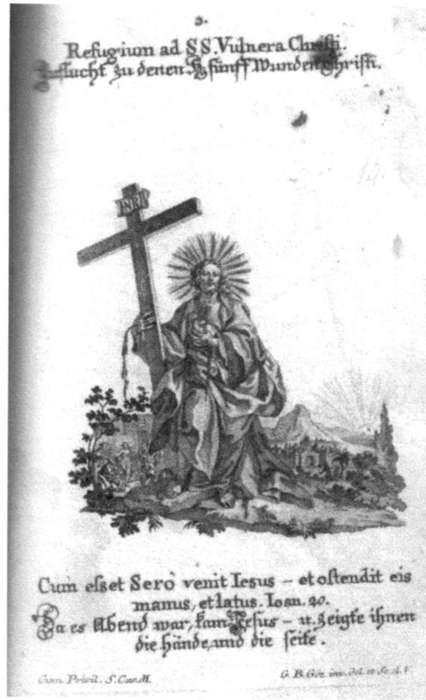

86: Christi Wunden

Die Sonne (mit Gesicht!) geht hinter Jerusalem unter. Christus, der Auferstandene, hält mit einer Hand sein Kreuz, mit der anderen sein blutendes Herz. Auch aus Händen und Füßen strömt Blut. In einer Hintergrundszene sieht man, wie Christus durch verschlossene Türen seinen Jüngern nach seiner Auferstehung erscheint.[39]

Bei Wildmoser II: Kat.-Nr. 1-521-015. Der Stich gehört zu den „Christlichen Jahreszeiten" (Nr. 66).

[39] Ein Beschreibung findet sich auch bei Wildmoser I, S. 289

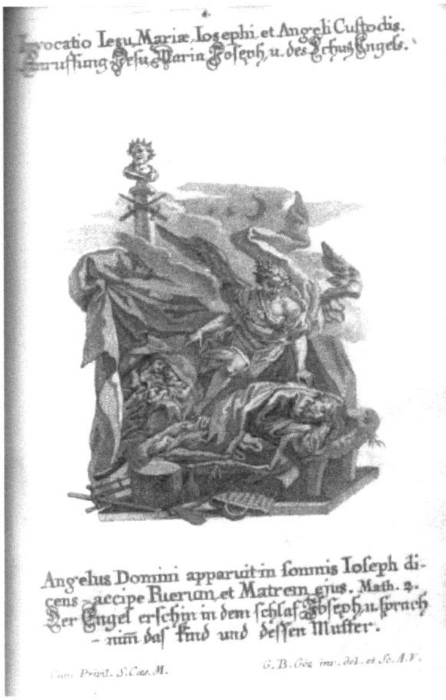

87: Josephs Traum

Die Hl. Familie schläft in einem Zelt. Vor Joseph liegt sein Zimmermannswerkzeug. Ihm erscheint ein Engel im Traume und befielt ihm die Flucht nach Ägypten. Im Hintergrund steht auf einer Säule eine Büste von König David, aus dessen Haus Joseph stammt.

Bei Wildmoser II: Kat.-Nr. 1-521-016. Der Stich gehört zu den „Christlichen Jahreszeiten" (Nr. 70)

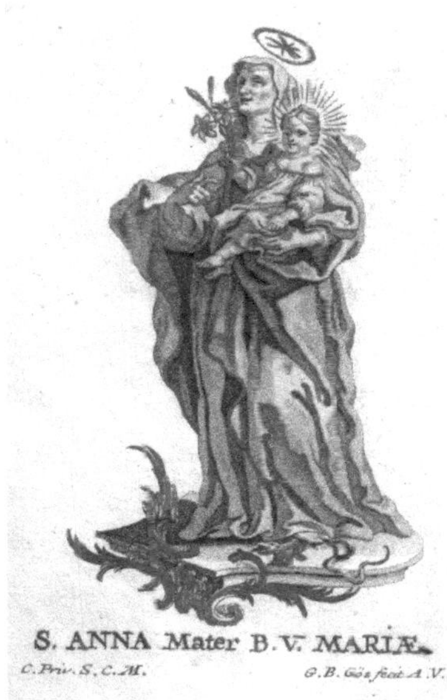

88: Die Hl. Anna, Mutter Mariens

Die hl. Anna trägt ihre Tochter, Maria mit einer Lilie auf ihrem Arm. Sie steht auf einer rocaillbesetzten Plattform.

Der Stich ist beschriftet mit *G.B.Göz fecit A.V.* Was „fecit" alles umfasst bleibt unklar.

Nach Wildmoser II: Kat.-Nr.1-070-014

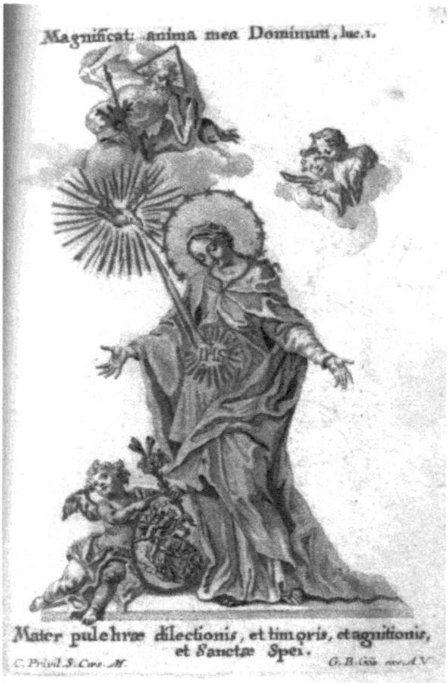

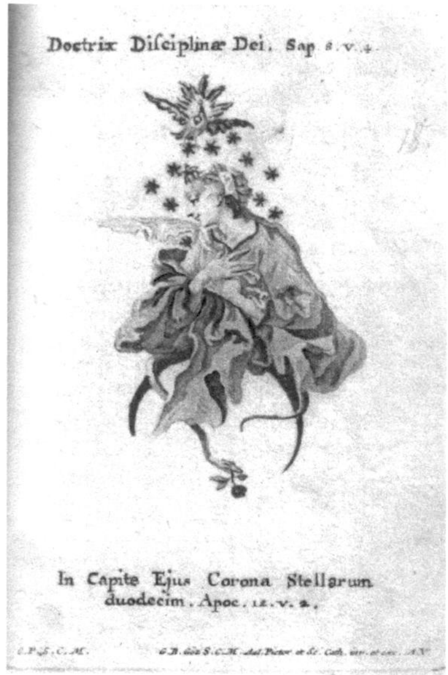

89: Die schwangere Maria

Maria wird vom Hl. Geist überschattet. Gottvater, die Hl.-Geist-Taube und das IHS-Symbol für Christus bilden die himmlische Trinität. Ein Engel zu Füßen Mariens hält ein Medaillon, auf dem die „Verkündigung" zu sehen ist.

Der Stich ist beschriftet mit *G.B.Göz exc. A.V.* Auf welche Tätigkeit von Göz sich das „excudit" bezieht ist unklar. Nicht im Katalog von Wildmoser II.

90: Maria als Braut des Hl. Geistes

Ein Brustbild von Maria, über der die Hl-Geist-Taube fliegt. Maria zeigt sich als apokalyptische Frau mit zwölf Sternen um ihr Haupt und der Mondsichel sowie einer Schlange mit einer Rose im Maul unter ihr. Der Brautschleier zeigt Maria als Braut des hl. Geistes.

Nicht im Katalog von Wildmoser II.

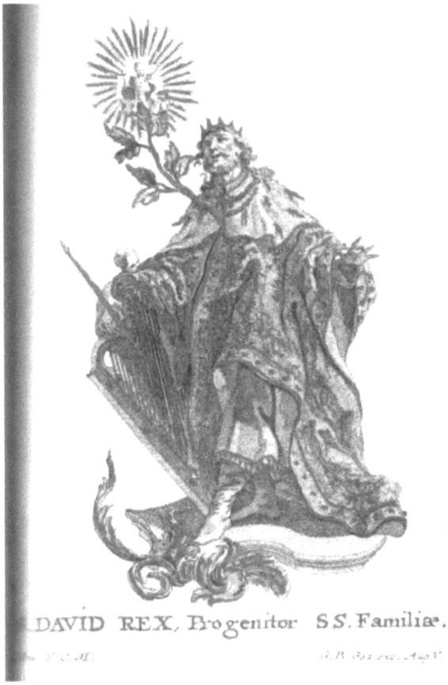

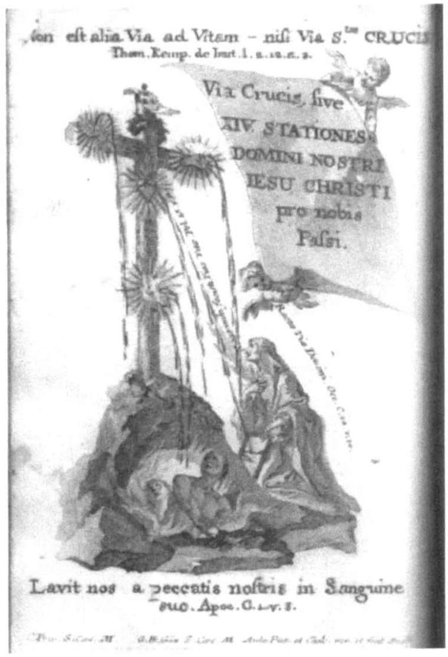

91: König David

König David, als Psalmensänger mit einer Harfe, steht auf einer rocaillbesetzten Plattform. Aus seinem Herzen wächst ein Spross, das Jesuskind in der Gloriole.

Die Beschriftung lautet: *G.B.Göz exc. Aug. V.* Auf was für eine Tätigkeit sich das „excudit“ bezieht ist unklar.

Bei Wildmoser II: Kat.-Nr. 1-070-076.

92: Durch Christi Wunden sind wir geheilt

Aus den Wunden Christi am Kreuz fließt Blut, welches den Armen Seelen im Fegefeuer Labung bringt. Zwei Engel halten eine Schriftrolle, auf der dies indirekt steht. Eine Frau, vielleicht Maria, bittet ebenfalls um die Erlösung der Armen Seelen vom Fegefeuer.

Göz bezeichnet sich hier als „kaiserlicher Hofmaler und -stecher“.

Thematisch ist der Stich verwandt mit in Wildmoser II: Kat.-Nr. 1-521-017, 1765 gestochen,.

93 - 109: Kreuzwegstationen

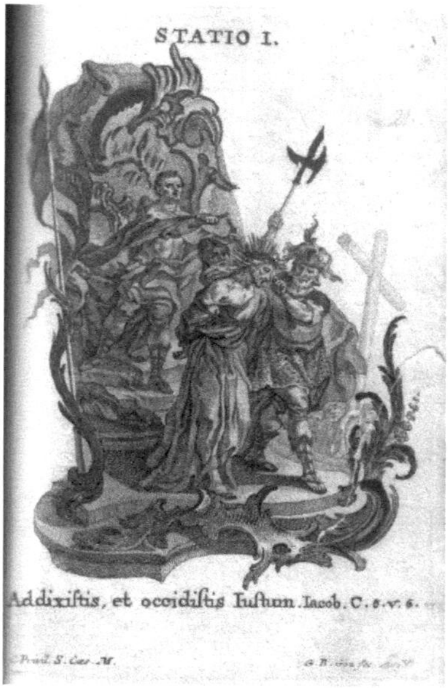

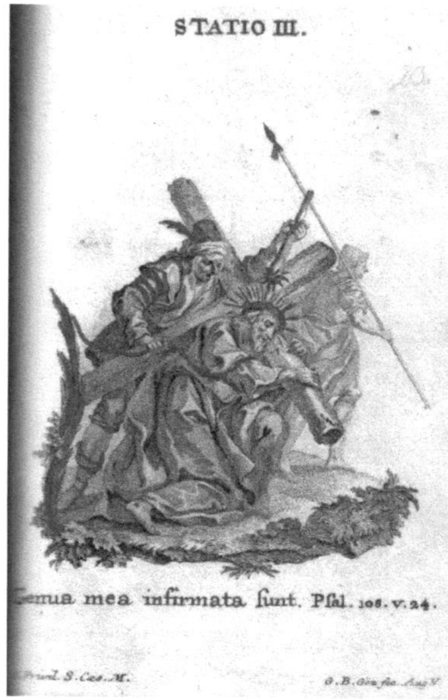

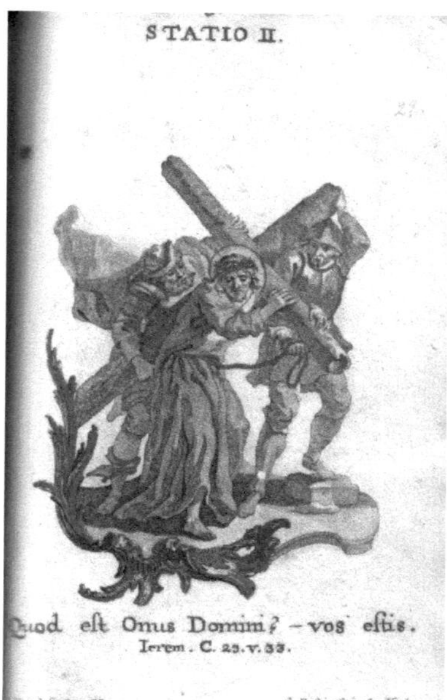

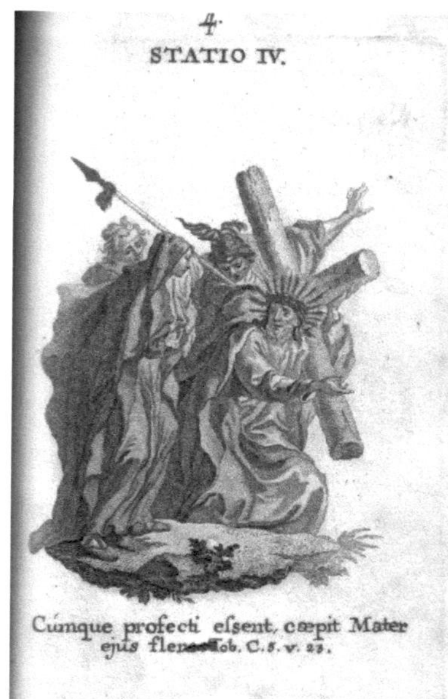

STATIO V.

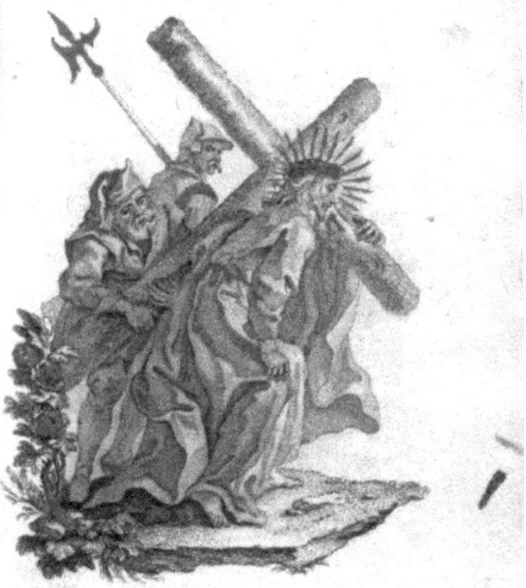

Exeamus ad eum - improperium ejus portan- tes. Hebr. C. 13. v. 13.

STATIO VI.

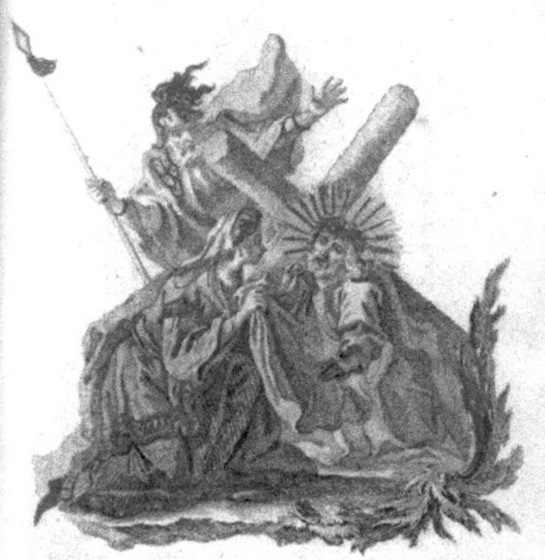

Ostende faciem tuam, et ſalvi erimus. Pſal. 79. v. 4.

STATIO VII.

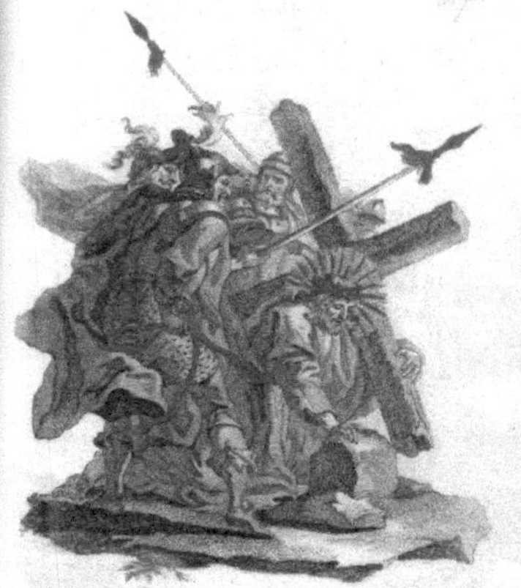

Lapis offenſionis, et Petra Scandali. 1. Petr. 2. v. 8.

STATIO VIII.

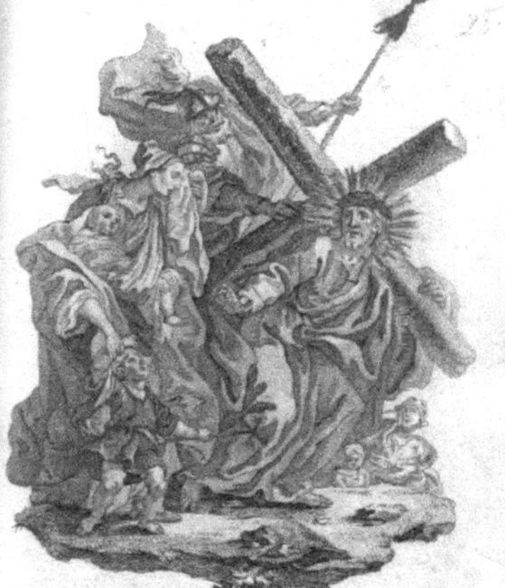

Nolite flere ſuper me, ſed ſuper vos Ipſas. Luc. C. 23.

STATIO IX.

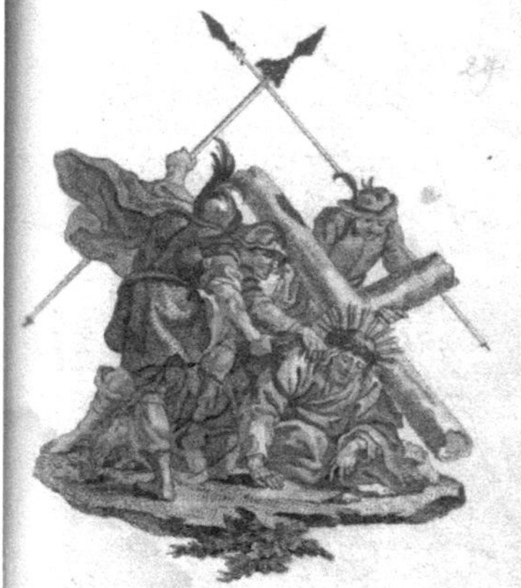

Dedit in opprobrium conculcantes me.
Psal. 56. v. 4.

C. Privil. S. Caes. M. G. B. Göz fec. Aug. Vind.

STATIO X.

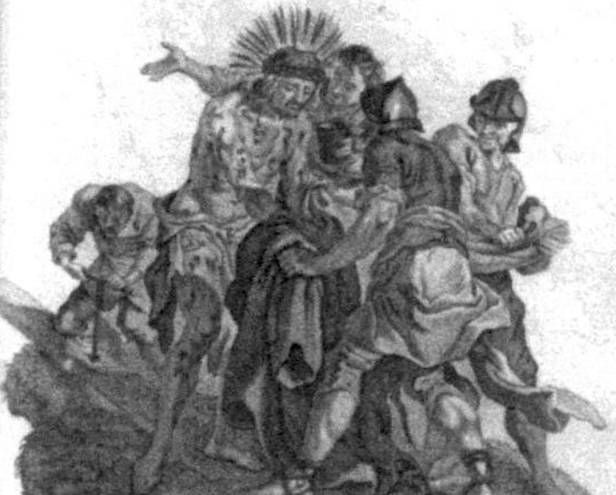

Nudaverunt Eum tunica talari.
Genes. C. 37. v. 23.

C. Privil. S. Caes. M. G. B. Göz fec. Aug. V.

STATIO XI.

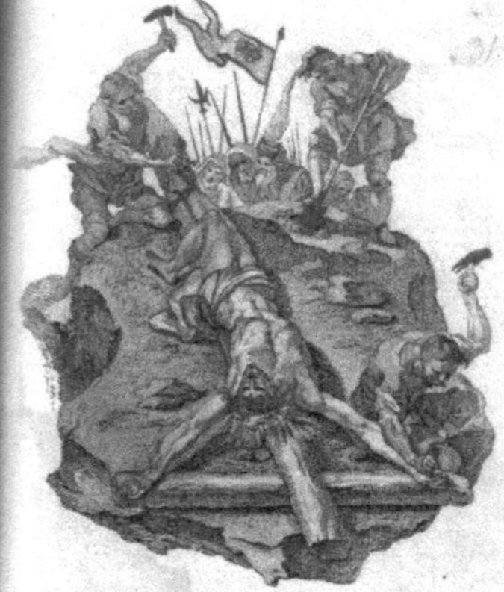

Foderunt manus meas, et pedes meos.
Psal. 21. v. 17.

C. Privil. S. Caes. M. G. B. Göz fec. Aug. V.

STATIO XII.

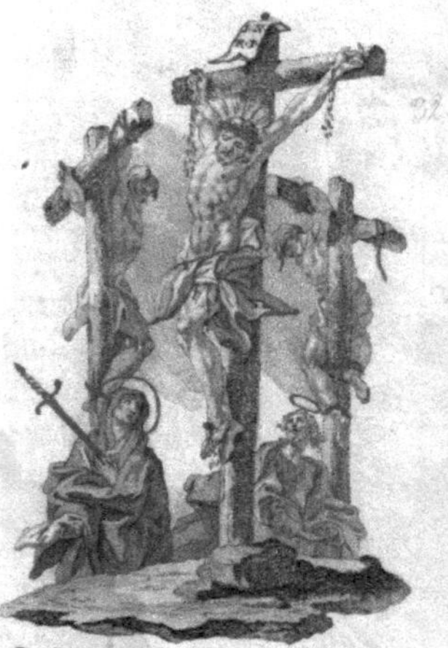

Cum Sceleratis reputatus est. Isa. C. 53. v. 12.

C. Privil. S. Caes. M. G. B. Göz fec. Aug. V.

13.

STATIO XIII.

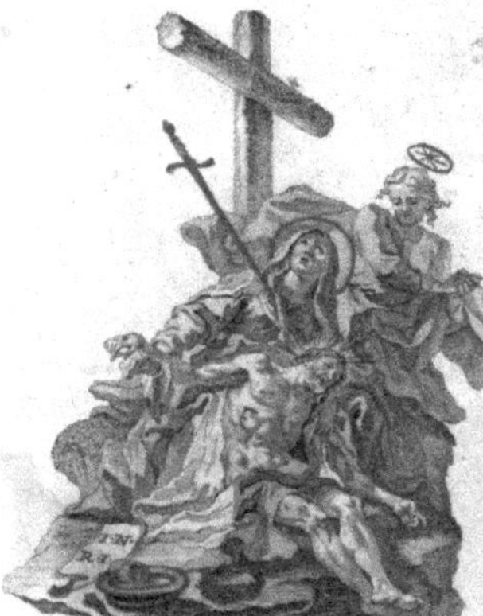

Reposita est hæc Spes mea in sinu meo.
Iob. C. 19. v. 27.

C. Privil. S. Cæs. M. G. B. Göz fec. Aug. V.

S. HELENA.

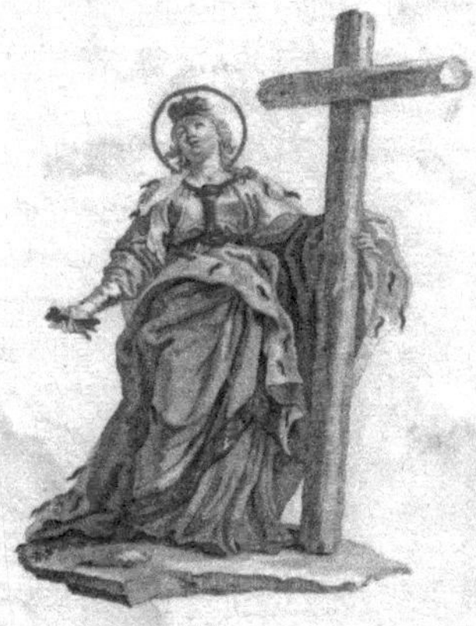

Lignum Vitæ est his, qui apprehende=rint. Prov. C. 3. v. 18.

C. Privil. S. Cæs. M. G. B. Göz fec. Aug. Vind.

STATIO XIV.

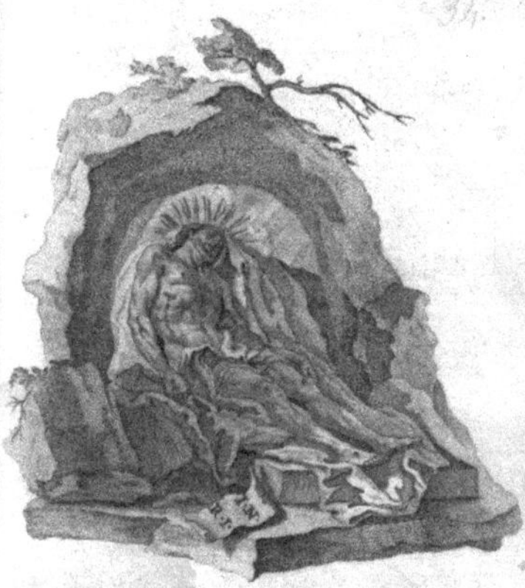

Nunquid qui dormit, non adjiciet, ut re=surgat? Psal. 40. v. 9.

C. Privil. S. Cæs. M. G. B. Göz fec. Aug. Vind.

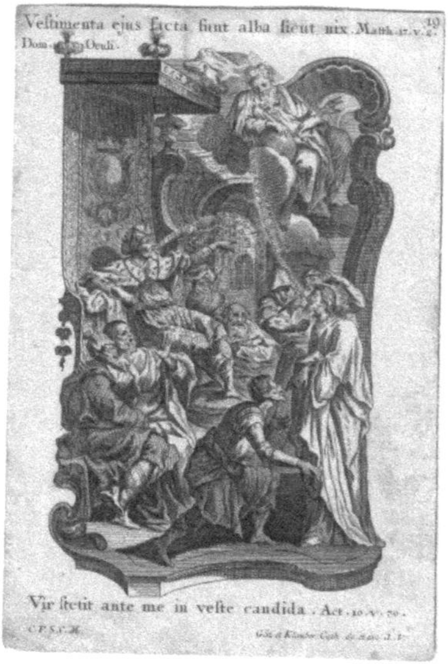

110: Christus vor Pilatus

Kupferstich, 10 x 15,4 cm, beschriftet unten: *C.P.S.C.M / Göz et Klauber Cath. sc. et exc. A.V.* Über- und Unterschrift: *Vestimenta ejus facta sund alba sicut nix Mat. 17, V. 2* (Seine Kleider sind weiß wie Schnee) / *Vir stetit anto me in veste candida. Apg. 10 V. 30* (Ein Mann in weißem Gewand stand vor mir).

Christus steht vor Pilatus (?), welcher, in orientalischer Kleidung, auf den Kerker weist und einen gesprochenen Spruch aus den „Sprüchen" zitiert. Juden verspotten Christus: einer hält zwei Finger gekreuzt, einer streckt seine Zunge heraus, einer der beiden Soldaten ergreifen ihn. Christus spricht mit seinem Vater, der über ihm erscheint, ein Psalmwort. Die Architekturelemente zeigen ornamentalen Rokokoschwung.

Die Beschriftung weist darauf hin, dass Gottfried Bernhard Göz (1708 – 1774) das Blatt stach und wohl auch entwarf und es dann im Verlag „Göz&Klauber" herausbrachte; Göz betrieb nämlich mit den Brüdern Joseph (1700 – 1768) und Johann (1712 – 1787) Klauber gegen 1737 einen gemeinsamen Verlag, der 1740 aufgelöst wurde.[40] Demzufolge müsste dieser Stich auch in dieser Zeit entstanden sein.

Der Stich befindet sich nicht in Wildmosers Katalog der Göz-Stiche.[41]

Der Stich ist oben rechts nummeriert: „10". Er könnte also aus der Serie „Passion Christi" stammen.[42]

---

[40] Wildmoser, Rudolf: G.B.Göz als ausführender Kupferstecher, in: Jb d- Vereins für Augsburger Bistumsgeschichte, 18. Jg. 1984, S. 261

[41] Wildmoser, Rudolf: G.B.Göz als ausführender Kupferstecher, in: Jb d- Vereins für Augsburger Bistumsgeschichte, 18. Jg. 1985

[42] Peter Stoll: Passio D. N. Iesu Christi in XLVI. Icones Eine Kupferstichserie aus dem Verlag Göz–Klauber und ihre Texte, Augsburg 2011.

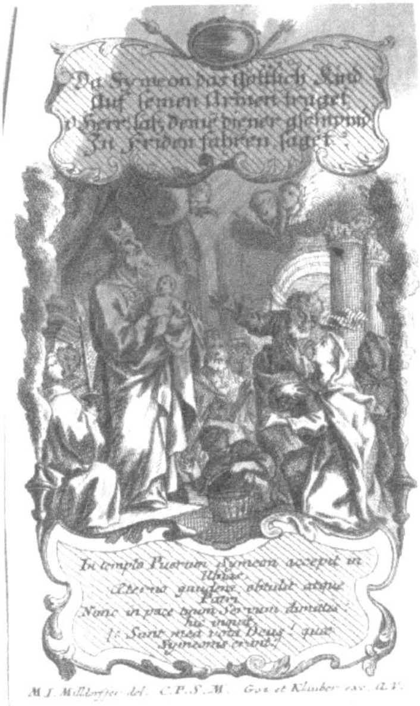

111: Aufopferung im Tempel

Kupferstich, 12,7 x 7,2 cm, beschriftet unten: *M.J.Milldorfer del. / C.P.S.M. / Göz et Klauber exc. A.V.*

Beschriftung oben. *Da Symeon das Göttlich Kind / Auf seinen Armen träget / O Herr ! Laß deine diener geschwind / In Friden fahren, saget.*

Beschriftung unten: *In templo Puerum Symeon accepit in / Ulnas, / Aeterna gaudens, obtulit atque / Nunc in pace tuum Servum dimittis: / hic inquit. / Sunt mea vota Deus! que / Symeons erant*

Die beiden Beschriftungen beziehen sich auf Lk 2, 22-40. Links steht der greise Simeon und opfert Jahwe die Erstgeburt Jesus. Tempeldiener und Juden sieht man im Hintergrund. Simeon gegenüber kniet ergriffen Maria und steht Josef. Die Frau in ihrem Rücken ist wohl die Prophetin Hanna. Unten in der Mitte sieht man einen Knaben mit einem Korb, in welchem sich wohl ein Taubenpaar befindet. Die Handlung findet im Tempel statt. Oben bricht das Göttliche in Form von geflügelten Engelköpfen und Wolken ein.

Der Entwurf zu diesem Stich stammt vom Tiroler Maler Michael Ignaz Milldorffer (1690 – 1747). Vielleicht wurde er von Göz gestochen und im Gemeinschaftsverlag Göz&Klauber verlegt. Bedenkt man das Sterbejahr des Entwerfers, die Rokokoauffassung des Bildes und, dass der Gemeinschaftsverlag nur bis 1740 bestand, so dürfte das Bildchen um 1739 entstanden sein.

Der Stich gehört wohl zu einer Stichserie. Er ist wohl nicht bei Wildmoser II katalogisiert.

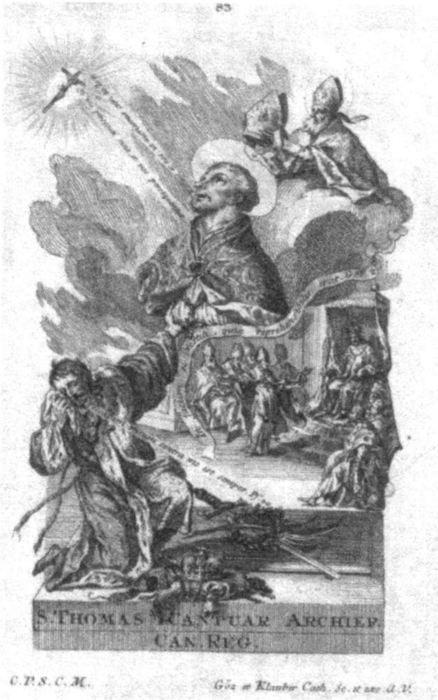

112: Hl. Thomas Becket

Kupferstich, 9,2 x 14,5 cm, beschriftet: *C.P.S.M. / Göz et Klauber Cath. Sc. et exc. A.V.*

Der Stich hat oben die Zahl „83", wohl die Paginierung einer Serie über Heilige. Er zeigt *S.THOMAS CANTUAR ARCHIEP. CAN.REG.*

Zentrum des Stiches ist ein Brustbild des Heiligen in bischöflichem Ornat und mit Heiligenschein in Wolken. Rechts über ihm ist das Brustbild eines weiteren Bischofs, vielleicht Theobald v. Canterbury, welcher gerade dabei ist, Thomas die Mitra auf das Hupt zu setzen. Thomas blickt zu einem Kreuz auf und spricht: *Eamus et nor, ut moriamur cum eo Io 11* (nach Joh. 11). Er erhält vom Kreuz die Antwort: *Si me persecutisunt, et et vos persequentus* Links unten sieht man den reumütig weinenden engl. König. Er hat seine Königsinsignien vor sich abgelegt und sagt: *Peccatum meum contra me est semper Ps. 50* . In der Bildmitte gibt es einen Ausblick auf die Verteidigung der Rechte der Kirche durch den heiligen Bischof vor dem König. Diese Hintergrundszene wird durch ein Schriftband gerahmt: In faciem eirestiti, quiareprehensibilis erat Gal.2

Der Stich muss zwischen 1737 und 1740, als Göz und Klauber einen gemeinsamen Verlag hatten, entstanden sein. Er ist wohl nicht bei Wildmoser II katalogisiert.

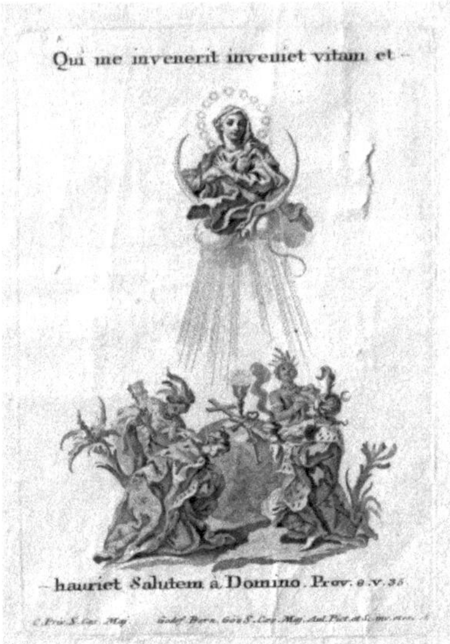

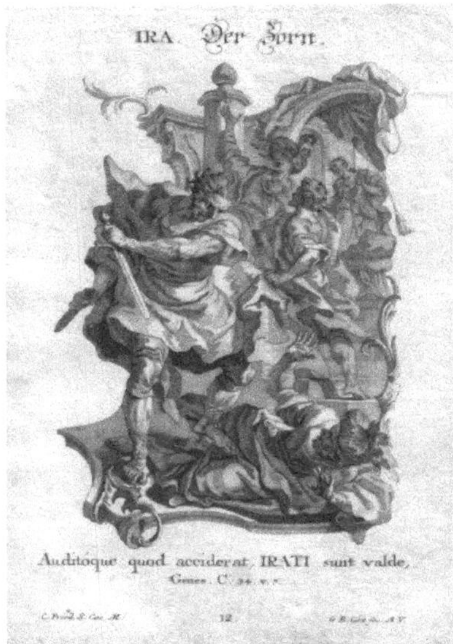

113: Die Erdteile verehren Maria

Kupferstich, 8,8 x 13,4 cm, beschriftet: *C. Priv. S. Caes. Maj. / Godef. Bern. Göz S. Caes. Maj. Aut. Pict. et Sc. inv. et exc. A.*

Der Entwurf, welcher sich in der Hamburger Kunsthalle befindet[43], dürfte um oder kurz nach 1765 entstanden sein. Dieser Stich wurde beschrieben im Katalog der „Bergmüller-Ausstellung" 1988.[44]

114 Der Zorn

Kupferstich, 18 x 12,6 cm, beschr: *C. Privil. S. Cae. M. / G.B. Göz fec. A V.*

Wildmoser II: Kat.-Nr. 1-526-038

Das Blatt gehört zur Serie „Passiones Animi aeque bonae ac malae, welches um 1760 gestochen wurde[45]

---

[43] Prange, Peter: Deutsche Zeichnungen aus dem Kupferstichkabinett der Hamburger Kunsthalle 1450-1800: 2 Bde. (Die Sammlungen der Hamburger Kunsthalle - Kupferstichkabinett). Isphording (Tafeln) Abb. 262

[44] Wildmoser, Rudolf: Maria von den vier Erdteilen verehrt, in. Epple, Alois: Johann Georg Bergmüller – Zur 300. Wiederkehr seines Geburtsjahres, Ausstellung im Schloß in ‚Türkheim, Weißenhorn 1988, S. 99- 101

[45] Wildmoser II: S. 240

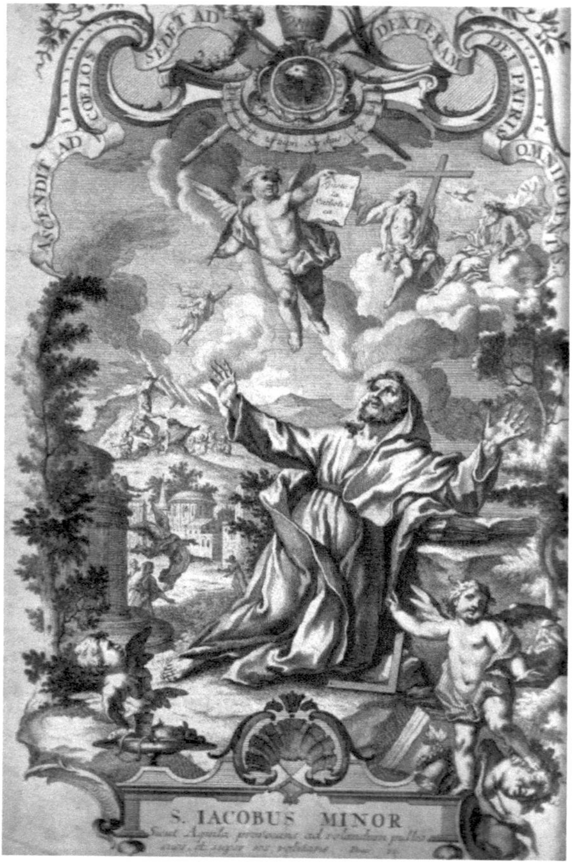

115 Hl. Jakob minor

Kupferstich, 32 x 20 cm, beschriftet: *Cum Pr. Sac. Caes. Maj. / Göz et Klauber Cath. sc. et exc. Aug. V.*

Nach Wildmoser II Kat.-Nr. 1-701-008, S. 257. Danach gehört dieses Blatt zu einer Serie „Christus, Maria und die zwölf Apostel, die 1736 gestochen wurden.[46] Zu diesem Stich gibt es eine (seitenverkehrte) Entwurfzeichnung von Göz.[47]

[46] Wildmoser II, S. 255

[47] Isphording I, S. 242, A III a, Isphording II, Abb. 142

116 – 157: Kupferstiche nach Entwürfen von Johann Georg Bergmüller (1688 – 1762)

Johann Georg Bergmüller war einer der produktivsten Augsburger Barockkünstler. Viele seiner Bilderentwürfe ließ er auch stechen oder stach sie, in seinen jungen Jahren selber. Häufig brachte Bergmüller auch Kupferstich-Serien heraus. Bergmüller verlegte einige seiner Kupferstiche(serien) selber, quasi im Eigenverlag. Viele Stiche Bergmüllers dienten anderen Malern als Vorlage.

Die meisten Stiche sind unten beschriftet:

inv = invenit = erfunden= Bergmüller hatte die Idee einer Bildgestaltung (und setzte die Idee als Bild um).

del = delineavit = zeichnen = Bergmüller zeichnete einen Entwurf für einen Stich. Dieser Entwurf diente vielfach auch als Vorlage für ein Gemälde. „del" kann auch stehen, wenn Bergmüller ein Bild nach einem anderen Maler, z.B. nach Maratta, entwarf.

pinx = pinxit=gemal= Bergmüller hat dieses Bild (auch) als Gemälde gemalt. Steht auch einem Stich „pinx", so ist davon auszugehen, dass ein Entwurf nicht nur Vorlage für diesen Stich, sondern gleichzeitig für ein Gemälde war.

sculp=sculpsit=gestochen. Bergmüller war meistens nicht er Stecher seiner Entwürfe. Ein Stecher konnte den Entwurf direkt oder seitenverkehrt auf die Kupferplatte übertragen. Beim Drucken drehte sich die Richtung dann um.

excud=excudit=ausgeführt. Dies kann bedeuten, dass Bergmüller den Stich druckte oder, die übliche Bedeutung, dass Bergmüller den Stich verlegte bzw. dass er bei ihm zu erwerben war.

C.P.S.C.M = mit (cum) Privileg seiner kaiserlichen Majestät[48]

abgekürzt zitierte Literatur:

Materialien = Epple, Alois (Hg.): Materialien zur Bergmüller-Forschung. Diese liegen in den großen Bibliotheken in Frankfurt, Leipzig, München und Augsburg. Die jüngeren Ausgaben sind beim Herausgeber zu erwerben.

Bergmüllerkat. = Epple, Alois (Hg.): Johann Georg Bergmüller, Kat. zur Ausstellung anlässlich des 30o. Geburtsjahres von J.G.Bergmüller, Weißenhorn 1988

Friedlmaier, Karin: Johann Georg Bergmüller - : Das druckgraphische Werk (Diss.), München 1995

Wildmoser : Wildmoser, Rudolf: Gottfried Bernhard Göz als ausführender Kupferstcher, Kat.: Jb. des Vereins für Augsburger Bistumsgeschichte, 19. Jg., 1985

Straßer = Straßer, Josef, Johann Gerog Bergmüller – Zeichnungn, Salzburg 2005

Fels = Der Fels, Monatszeitschrift

---

[48] J.G. Bergmüller erhielt dieses Privileg spätestens 1722 (vgl. Gier, H. u.a.: Augsburger Buchdruck und Verlagswesen, Wiesbaden 1997, S. 48

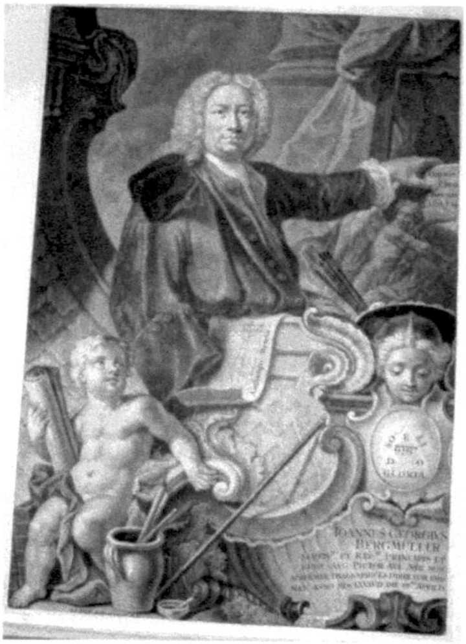

116: Johann Georg Bergmüller

Schabkunstblatt, ca. 41 x 28 xm, unten beschr.: *I.G.Bergmüller inv. et del. / I.I.Haid sculp. et excud. A.V.* Bei Friedlmaier D 306

Lit.: Epple, Alois: Selbstbildnis, in: Epple, Alois (Hg.): Johann Georg Bergmüller – Zur 300. Wiederkehr seines Geburtsjahres, Kat., Weißenhorn 1988, S. 89; Epple, Alois: Johann Georg Bergmüller, in: Frei, hans und Beck, Barbara (Hg.): Lebensbilder – Geschichte und Kunst in Bildnissen aus Schwaben, Oberschönenfeld 2002, S. 356, 357; Versteigerungskat. Bassenge – Auktion 84, Berlin 2004, Kat.Nr. 5654

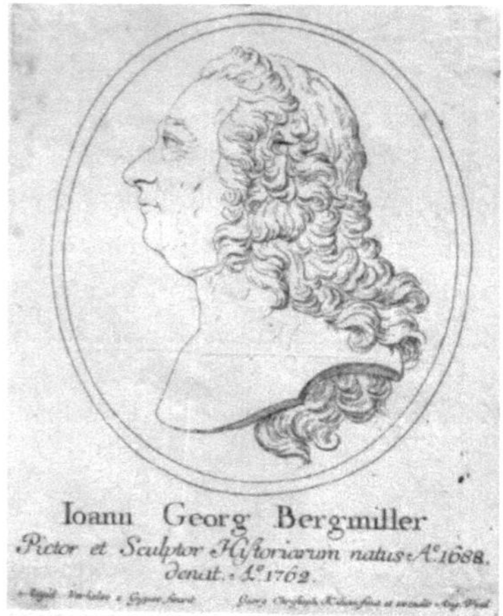

117: Johann Georg Bergmüller

13,6 x 10,7 cm, beschriftet: *Aegid. Verhelst e Gypso funxit / Georg Christoph Kilian fecit et excudit Aug. Vind.*

Aegid Verhelst fertigte von Bergmüller ein Reliefportrait. Dieses Stuck-Bildnis ist verloren. Es existiert jedoch eine Nachzeichnung von Georg Christoph Kilian.[49] Kilian machte nach dieser Zeichnung diesen Stich, der die lavierte Federzeichnung seitenverkehrt wiedergibt. Es gibt auch den gleichen Stich, nur nicht seitenverkehrt.[50] Wie die Beschriftung zeigt, muss der Druck nach Bergmüllers Tod erfolgt sein. Er ist Teil einer Portraitserie, bei welcher die Profilportraits in „antikischer Manier“ wiedergegeben werden. Kilian war Stecher und Verleger dieser Serie.

[49] Abgebildet bei Dietrich, Dagmar: Aegid Verhelst, Weißenhorn 1986, S. 144, 145, 260. Die Nachzeichnung liegt in der Staaatl. Graph. Slg. in München (HMS IV 76, Nr. 30343)

[50] Abgebildet bei Straßer, Josef: Johann Georg Bergmüller – Die Zeichnungen, Salzburg und München 2005, S. 9

118 - 125:Die Sieben Gaben des Hl. Geistes

Beschrieben in der Zeitschrift „Der Fels“: Februar 2015 – November 1015, Die „Geheimschrift“ auf diesen Stichen wurde entziffert in „Materialien“, Heft 14, 2014. Friedlmaier D. 343 - 359. Die Serie befindet sich auch in den „Wiblinger Sammelbänden“ im Archiv der Abtei Ottobeuren und im Kloster Seitenstetten (Österreich), im Herzog Anton Ulrich Museum in Braunschweig..

Bergmüller auch in Fulpmes. Etliche Maler verwandten diese Stiche als Vorlagen, so J. Anwander in Grundertshofen Johann Baptist Bergmller als Fresken in der Pfarrkirche in Horgenzel, in der Hl.-Geist-Kirche in Münchenl.

Lit: Bergmüllerkatalog 1988 S. 58; Versteigerungskat. Bassenge – Auktion 84, Berlin 2004, Kat.Nr. 5658; Lechner,G.: u. Telesko, W.: Barocke Bilder-Eythelkeit – Ausstellungskat. Göttweig 1993, S. 49 ff, Fresken in Horgenzell, in: Materalien H. 14 Materialien H. 17, S. 6

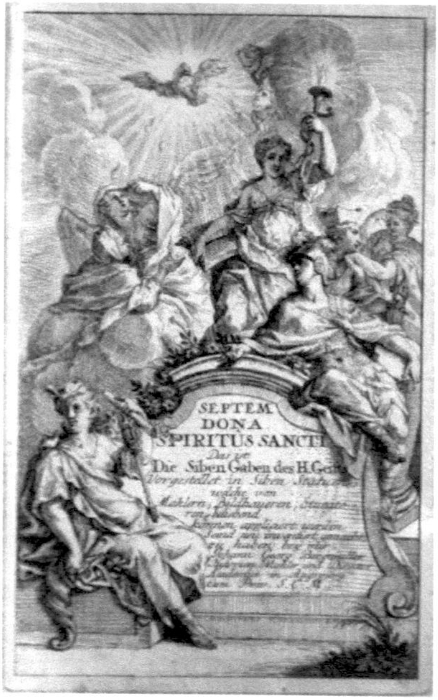

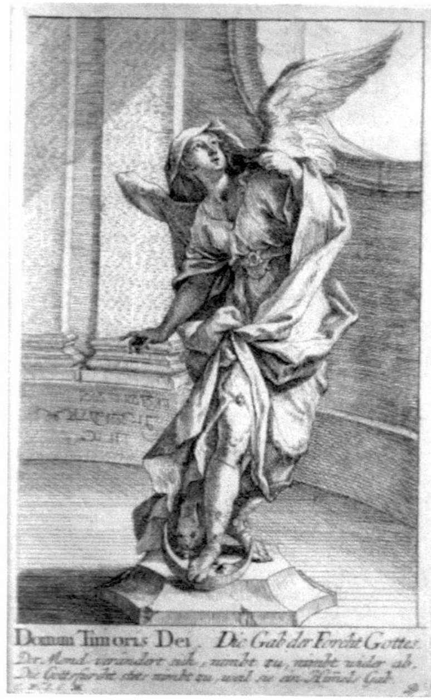

118:Septem Dona Spritus Sancti

Kupferstich, 13,8 x 22,7 cm (Platte) 12,8 x 21,6 cm (Bild); Friedlmaier: D 343

SEPTEM / DONA / SPIRITUS SANCTI / Das ist Die Siben Gaben des H. Geist / Vorgestellet in Siben Statuen / welche von / Mahlern, Bildhaueren, Stacto- / ren beliebend / können pupliciert werden / Seind neu inventiert gemacht, / zu haben bey mir Johann Georg Bergmüller / Historien Mahler und Director Academiae in Augspurg /Cum Priv. S.C.M

119:Donum Timoris Dei

Kupferstich, 13,3 x 22,4 (Plattengröße), 12,7 x 22 cm (Bild), bezeichnte unten: *C.P.S.C.M. / JGB* (lig), Friedlmaier: D 350

Donum Timoris Die. Die Gaab der Forcht Gottes. / Der Mond verändert sich, nimbt zu, nimbt wider ab, / Die Gottesfurcht stets nimbt zu, weil sie ein Himmels Gab.
Eine Nachzeichnung liegt in der Kunsthalle in Hamburg.[51]
J.G. Wolker malt im Kongregationsaal in Ingolstadt eine „Fides" danauch.[52]

[51] Straßer Za 34; Prange, Peter: Deutsche Zeichnungen 1450 – 1800, Köln u.a. 2007
[52] Materialien H. 11, S. 50

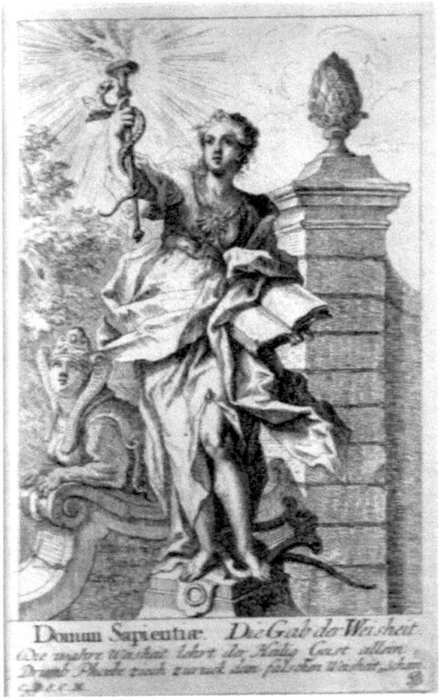

120:Donum Sapientiae

Kupferstich, 22,5 x 13,8 cm (Platte), 21,9 x 12,9 cm (Bild), bezeichnet unten: *C.P.S.C.M / JGB* (lig.) Friedlmaier: D 344

Text: *Donum Sapientiae. Die Gab der Weisheit / Die wahre Weisheit lehrt der Heilig Geist allein, / Drumb Phoebe ziech zurück dein falschen Weisheit"schein..*

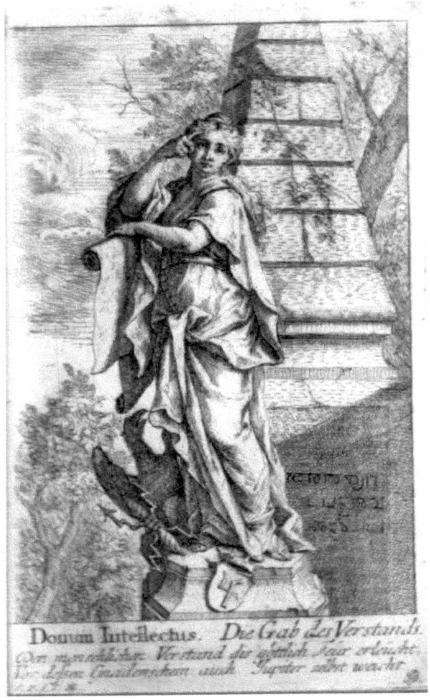

121:Donum Intellectus

Kupferstich, 22,7 x 13,7 (Platte), 22 x 12,7 (Bild)
bezeichnet unten: *C.P.S.C.M / JGB* (lig.) Friedlmaier: D 345

Text: *Donum Intellectus. Die Gab des Verstands. / Den menschlichen Verstand dis göttlich Feür erleicht, / Vor dessen Gnadenschein auch Jupiter selbst weicht*

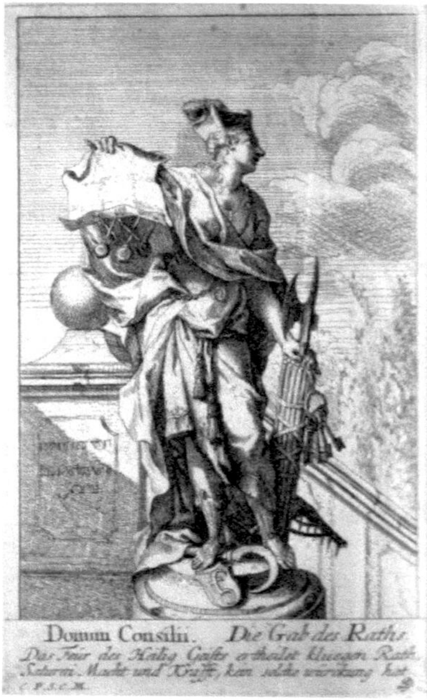

122: Donum Consilii

Kupferstich, 13,7 x 22,5 cm (Platte), 12,5 x 22 cm (Bild) bezeichnet unten: *C.P.S.C.M / JGB* (lig.) Friedlmaier: D 346

Text: *Donum Consilii. Die Gab des Raths. / Das Feür des Heilig Geists ertheilet kluegen Rath, / Saturni Macht und Krafft, kein würckung hat .*

Eine Nachzeichnung wurde bei Bassenge 2009 (Kat.Nr. 6468) versteigert.[53] Eine andere liegt in der Kunsthalle in Hamburg.[54]

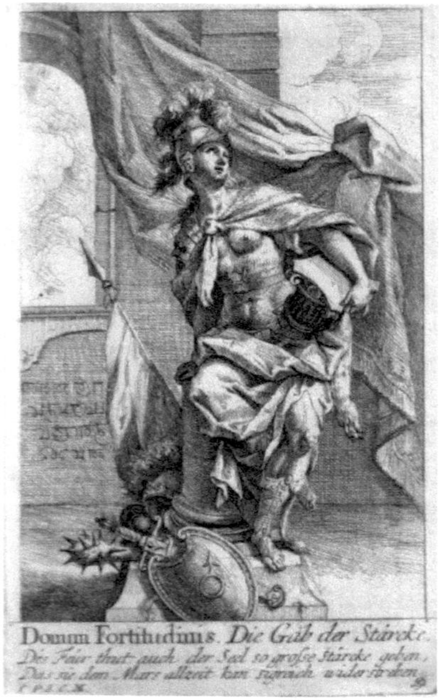

123:Donum Fortitudinis

Kupferstich, 13,8 x 23,4 cm (Platte), 12,8 x 22 cm (Bild), bezeichnet unten: *C.P.S.C.M / JGB* (lig.) Friedlmaier: D 347

Text: *Donum Fortitudinis. Die Gab der Stärcke. / Dis Feür thut auch der Seel so grosse Stärcke geben, / Das sie dem mars allzeit kann sigreich widerstreben.*

---

53 Abgebildet in Materialien H 8, S. 53

54 Straßer Za 35; Prange, Peter: Deutsche Zeichnungen 1450 – 1800, Köln u.a. 2007

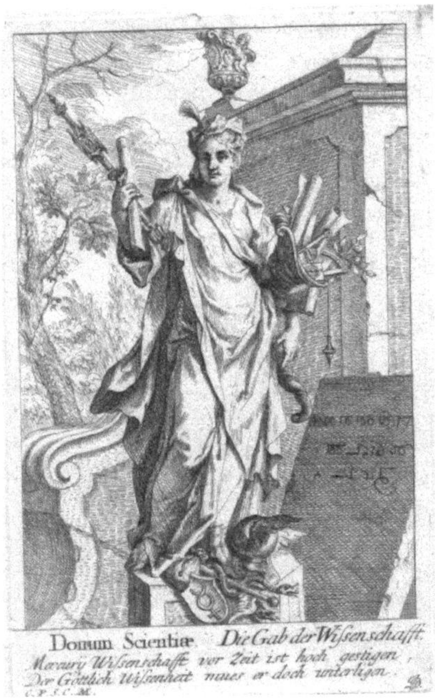

124:Donum Scientiae[55]

Kupferstich, 13,8 x 22,5 cm (Platte) 12,8 x 21,6 cm (Bild), bezeichnet unten: *C.P.S.C.M / JGB* (lig.) Friedlmaier: D 348

Text: *Donum Scientiae. Die Gab der Wissenschaft / Mercury Wissenschafft vor Zeit ist hoch gestigen, / Der Göttlich Wissenheit mues er doch unterligen*

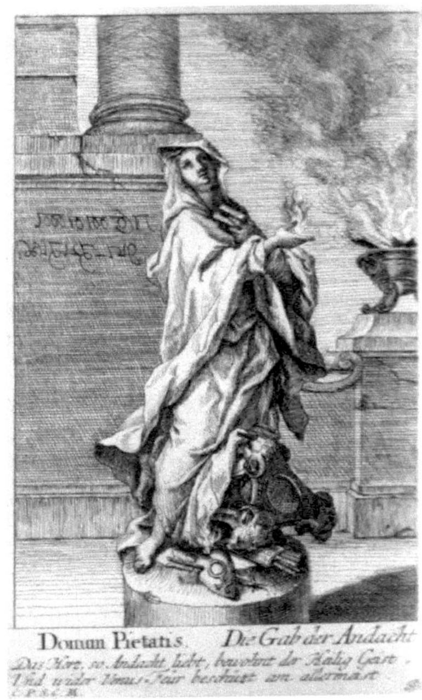

125: Donum Pietatis

Kupferstich, 13,6 x 22,4 (Platte) 12,6 x 22 cm (Bild), bezeichnet unten: *C.P.S.C.M / JGB* (lig.) Friedlmaier: D 349

Text: *Donum Pietatis. Die Gab der Andacht. / Ds Herz, so Andacht liebt, bewohnt der Heilig Geist, / Und wider Venus=Feür beschüzt am allermeist*

[55] Dieser Stich befindet sich auch im Harvard Art Museum.

126 - 134: aus der Rosenkranzserie

Bergmüllers Entwürfe zu den 15 Rosenkranzgeheimnissen dienten Alois Mack 1723/24 als Vorlage für Fresken in der Augsburger Dominikanerkirche. Bergmüller dürfte diese Entwürfe um 1722/23 gestochen haben. Hierbei kehrte er seine Entwürfe auf den Kupferplatten nicht um.
Viele Maler nahmen einige dieser Stiche als Vorlage: J.A. Fromiller in Ingelsthal und Ossiach, M.v. Ow, J.Handke in Breslau, J.N.Miller in Oberneuching, ,J.Paur in Luttenwang, M.Gottschalk in Tading, J.M. Heigl in Tading, I.Paur in Taiting. Dieser Stich diente etlichen Malern als Vorlage, so von Wolcker in Gabelbach, in Anzenberg, von J.M.Wild in Ober viechtach von J. Waräthi in Vornbach, und Habsberg, in Arnbruck, Burglengenfeld, Niedergottsau, Ast, Kirchdorf, von J.A. Merz in Wörth und Windberg, J. Dietrich in Möckenlohe; in Gosseltshausen Wolcker malte nach diesem Stich ein Fresko in der Pfarrkirche in Gabelbach. Dieser Stich diente Wolcker als Vorlage in der Pfarrkirche in Gabelbach, auch in Deubach, I.Paur in Taiting. J.Andres Bergmüller in Bertoldshofen.. J.J.A. Huber in Dorfen, Joh. Nikolaus Miller in Oberneuchingen, Michale Gottschakl in Tading, Anton Seltenhorn in Hofwies, Joseph Mall in Niedergottsau, Wies bei Freising

Literatur: Epple, Alois: Stichserien von Bergmüllerfresken in Augsburger Kirchen, in: Gestochen in Augsburg, Augsburg 2013 / Die einzelnen Bilder sind auch abgebildet und beschrieben in „Der Fels" ab Januar 2011 / Epple, A.: Die Rosenkranzübergabe in der Lindauer Stiftskirche, in: „Materialien" H.5, S. 37, siehe auch Materialien H. 6, 2006, S. 6 ff, S. 29; vgl. H. 2/3, S. 38 , 39, H.10, S. 30; H. 11, S. 50; Unter deinem Schutz – Das Marienbild in Göttweig, Kat. der Ausstellung der Graphischen Slg.... des Stifts Göttweig, 2005/2006, S.485 f; Materialien H 15, S 15-18, H. 17 S. 12

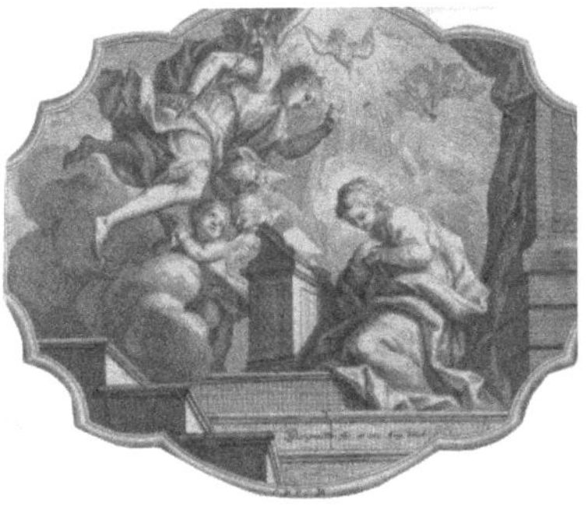

126a: Jesus, den du vom hl. Geist empfangen hast

Kupferstich, 20,7 x 18,2 cm, „ausgeschnitten", beschriftet: *JGB*(lig.) *ergmüller fec. et exc. Aug. Vind. / C.P.S.C.M,* Friedlmaier: D 173

Zu diesem Stich gibt es eine Nachzeichnung (vgl. Bergmüllerkat. 1988, S. 107), Straßer: Za 28;

-

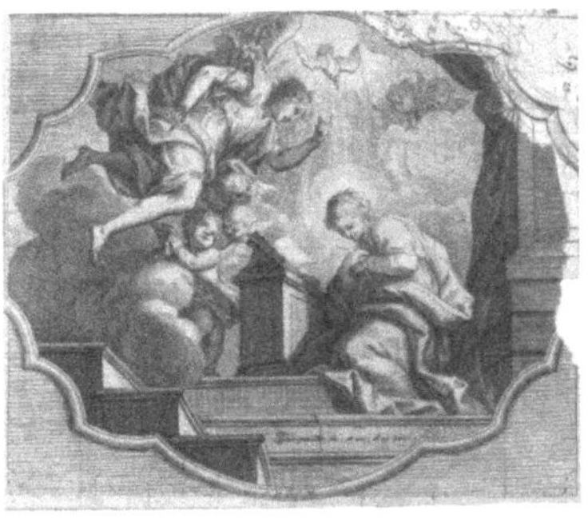

126b: Jesus, den du vom hl. Geist empfangen hast

wie B 11 a, Kupferstich, 20,6 x 18 cm, mit Bleistift gerastert, an den Rändern beschnitten und rechts beschädigt.

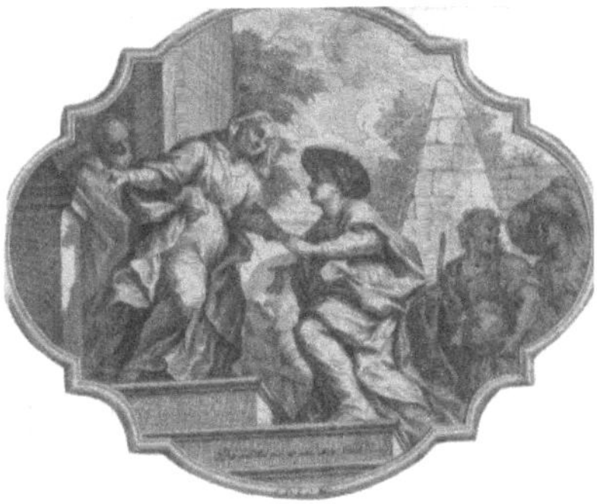

127a: Jesus, den du zu Elisabeth getragen hast

Kupferstich, 20,9 x 18,3, „ausgeschnitten", beschriftet: *JGB*(lig.)*ergmüller fec. et exc. Aug. Vind. / C.P.S.C.M,* Friedlmaier D 174

Es gibt eine Nachzeichnung, vielleicht von Alois Mack (Straßer Za 11).

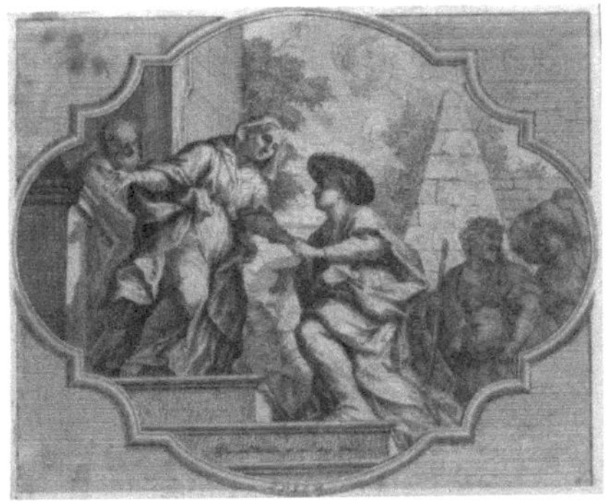

127b: Jesus, den du zu Elisabeth getragen hast

wie B 12 a, Kupferstich, 20.9 x 13,3, beschriftet: *JGB*(lig.)*ergmüller fec. et exc. Aug. Vind. / C.P.S.C.M*

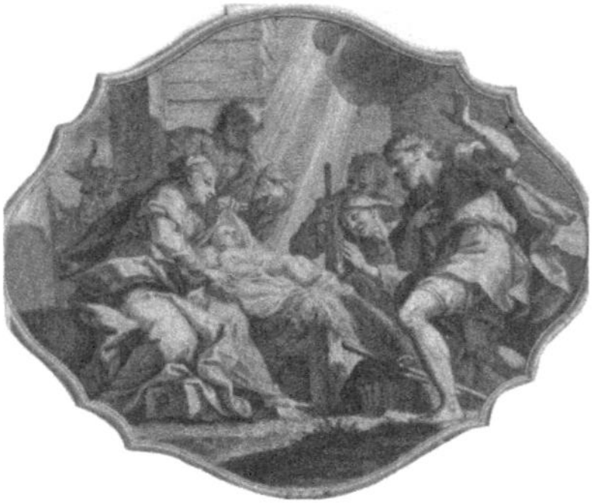

128 a: Jesus, den du, o Jungfrau, geboren hast

Kupferstich, 21,3 x 17,5 cm bezeichnet: *C.P.S.C.M / 3*, an den Rändern leicht beschnitten, Friedlmaier D 175

In der staat. graph. Slg. in München gibt es eine Nachzeichnung (Straßer Za 70).

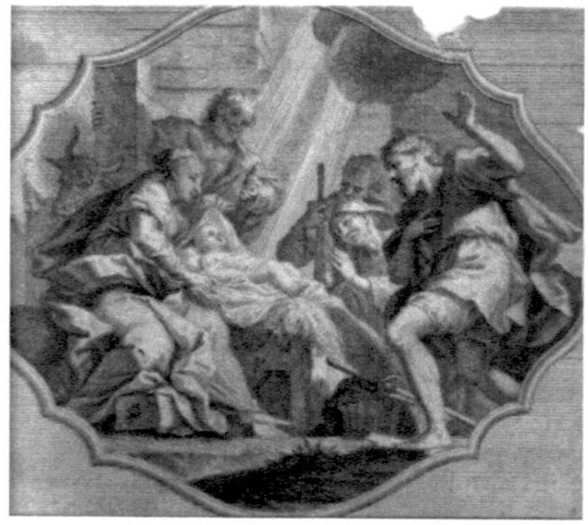

128 b: Jesus, den du, o Jungfrau, geboren hast

Kupferstich, 21,3 x 17,5 cm bezeichnet: *C.P.S.C.M / 3,*

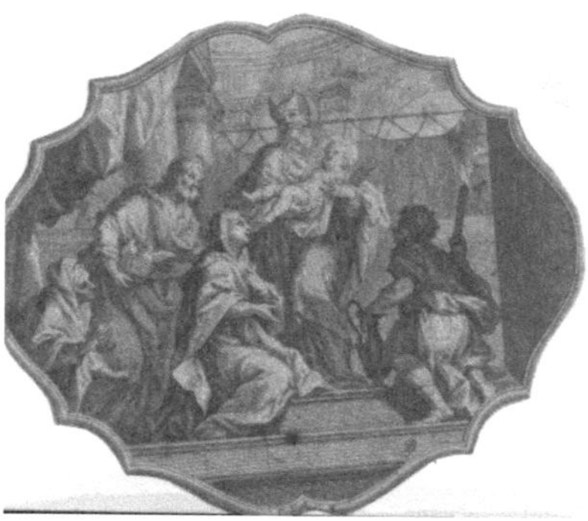

129: Jesus, den du o Jungfrau im Tempel aufgeopfert hast.

Kupferstich, 21 x 18,1 cm, beschr.: *JGB* (lig.) „ausgeschnitten", Friedlmaier D 176
Es gibt eine Nachzeichnung, vielleicht von Wolcker (Za 12).

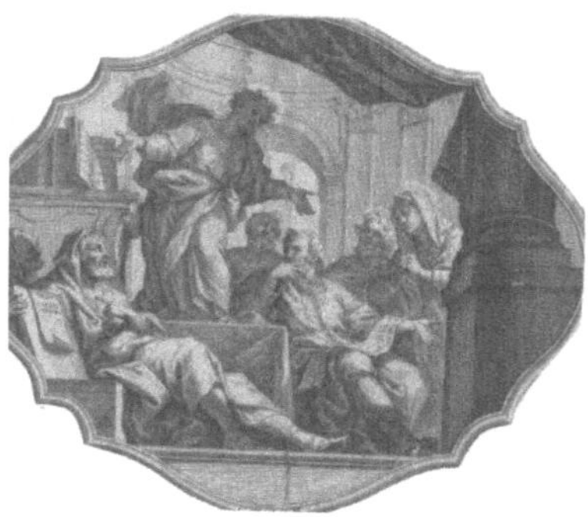

130: Jesus, den du o Jungfrau im Tempel wieder gefunden hast

Kupferstich, 20,5 x 17,7 cm, beschr. *JGB* (lig.), / *C.P.S.C.M.* „ausgeschnitten", Friedlmaier D 177

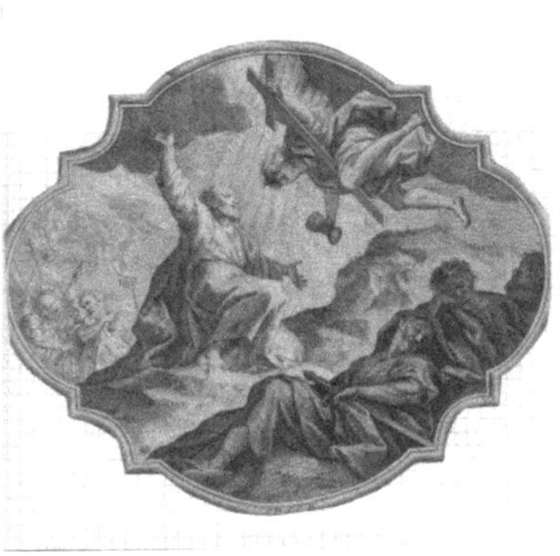

131: Jesus, der für uns Blut geschwitzt hat

Kupferstich, 20,7 x 17,9 cm, beschnitten, beschriftet unten: *JGB*(lig,) *C.P.S.C.M.*, Friedlmaier D 178

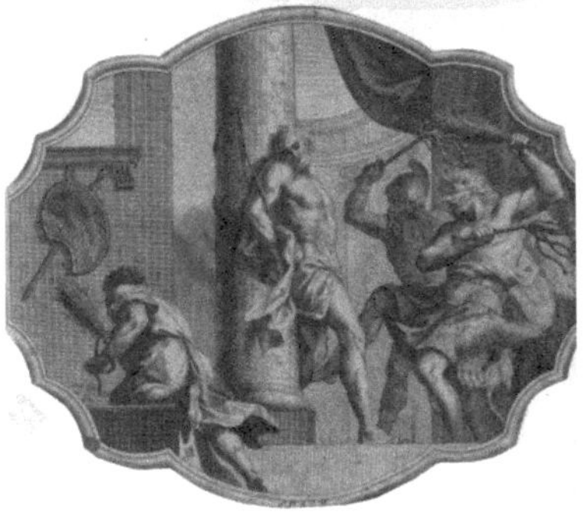

132: Jesus, der für uns ist gegeißelt worden

Kupferstich, 18,1 x 20,9 cm, ausgeschnitten, besch.: *JGB* (lig.) / *C.P.S.C.M.*

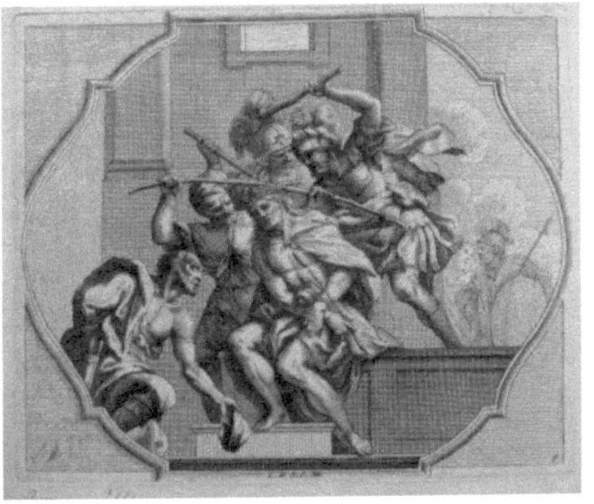

133: Jesus, der für uns mit Dornen gekrönt worden ist

Kupferstich[56], 18,2 x 21,1 cm (Platte) 17,5 x 20,3 cm (Bild) bescheinet unten: *C.P.S.C.M.* / *JGB* (lig.) 8, Friedlmaier D 180

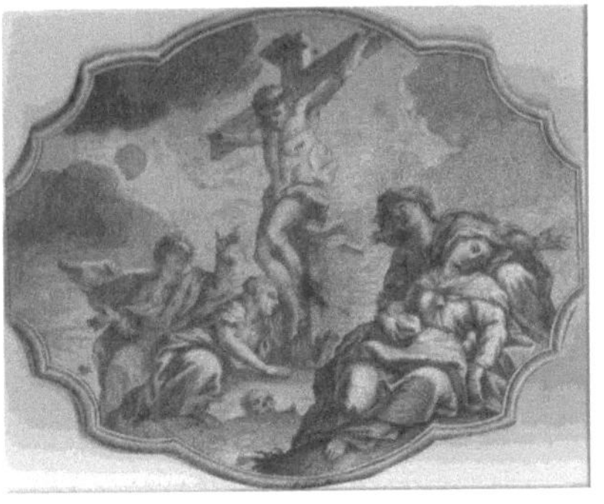

134 19: Jesus, der für uns ist gekreuzigt worden

Kupferstich, 21 x 18,2 cm, beschriftet: *C.P.S.C.M.* / *JGB* (lig.)

56 Ein gleichthematicher Stich wurde versteigert bei Bassenge, uktion 86, Berlin 2005

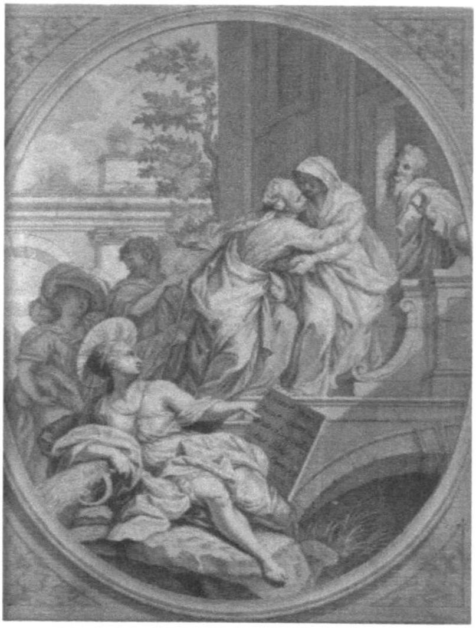

135: Maria besucht ihre Base Elisabeth

Kupferstich, 20 x 26,6 cm, beschriftet: *JGB*(lig.)*ergmüller inv. pinx. et exc. Augs Vind. / Cum Priv. Sac. Caes. maj. / H. Sperling sculps*, Friedlmaier D 122

Dieser Kupferstich gehört zu einer Serie, die auf Entwürfen basiert, welche Bergmüller für Fresken in der Marienkapelle im Augsburger Dom machte und 1721 ausführte. Dementsprechend sind diese Stiche, die Hieronymus Sperling (1695 – 1777) stach, zu datieren. Da der Stecher die Vorlage nicht umdrehte, ist der Stich spiegelbildlich zum Entwurf. Diese Stichserie wurde auch teilsweise Bergmüllers „Anthropometria" beigeheftet. Dieser Stich liegt auch in den „Wiblinger Sammelbänden" im Archiv der Abtei Ottobeuren, im Herzog Anton Ulrich Museum in Braunschweig.

Diesen Stich verwandte z.B. J. Anwander in Zöschingen, J.G. Wolcker in Stams, J.B. Baader in Erpfting, J.A. Fromiller in Wernberg, J.G.Reischl in Mauerkirchen (Österreich), Franz Anton Fux in Anzenberg

Lit.: Epple, Alois: Stichserien von Bergmüllerfresken in Augsburger Kirchen, in: Gestochen in Augsburg, Augsburg 2013, Friedlmaier K.: Fünf Szenen aus dem Marienleben, in: Bergmüllerkat. 1988 S. 78 ff; „Materialien" H. 2/3, S. 31 – 36, H. 4 S. 74; H. 5, S. 38, H 13, (S.16); Unter deinem Schutz – Das Marienbild in Göttweig, Kat. der ausstellung der Graphischen Slg…. des Stifts Göttweig, 2005/2006, S. 430 – 433; Materialien H. 17, S. 11

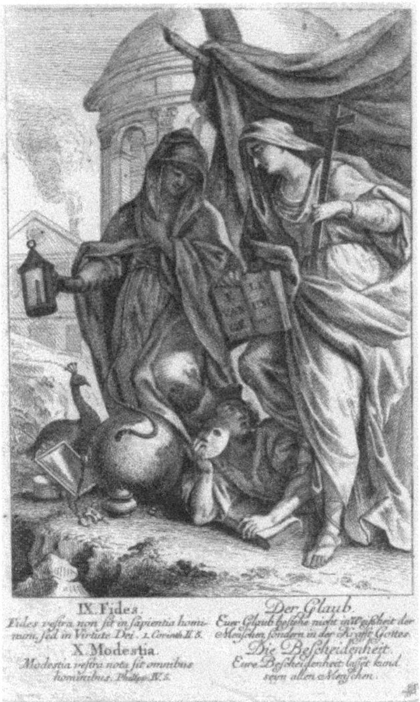

136: Fides und Modestia

Kupferstich, 14,3 x 23,7 cm (Platte) bezeichnet u.r.: *JGB* (lig), Friedlmaier D 250

Das Blatt stammt aus der Serie: Die Früchte des Hl. Geistes. Im Titelblatt nennt sich Bergmüller *Hochfürstlicher Cabinet- und Hof-Mahler.* Danach wurde dieses Blatt frühestens 1739 gestochen.

Lit.: Epple Alois: Fides und Modestia, in: Der Fels, Juli 2016

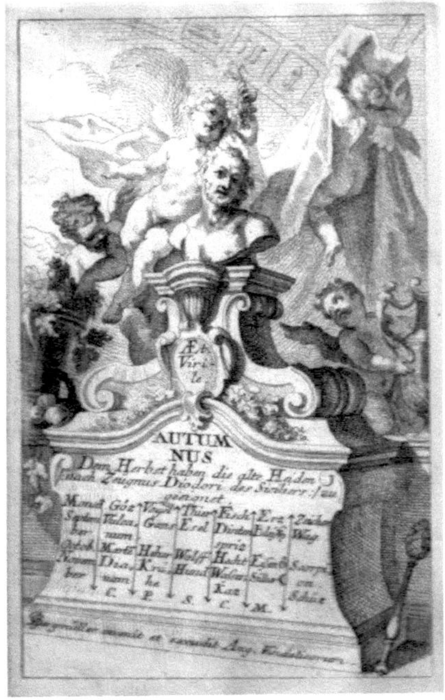

137: Herbst

Kupferstich, 13,5 x 22 cm (Platte) 12,8 x 21 cm (Bild, beschriftet: *JGB*(lig.)*ergüller invenit et excudit Aug. Vindelicorum,* Friedlmaier D 274

Aus der Serie „Die Jahreszeiten" (Friedlmaier D 272 – 275). Nach Rapp ist dieser Stich jedoch nicht von Bergmüller, sondern von seinem Schüler Johann Evangelist Holzer (
Lit.: Friedlmaier, K.: Jahreszeitenzyklus, in: Bergmüller kat. 1988, S. 64 - 66; Rapp, J.: J. Holzer fecit sub Directione Domini J.G. Bergmiller, in: Pantheon, JG XLVIII 1990, S. 92, 93; „Materialien" H. 2/3, S. 38;J.E.Holzer – Maler des Lichts, (Ausstellungskat.) Augsburg 2010, S. 161; Rapp, Jürgen: Die Thesenblätter nach Entwürfen von J.E. Holzer, in: Der Schlern, H 11, 83/2009, S. 88

B 138 – 140: aus „Evangelisten und Kirchenväter"

Johann G. Bergüller erhielt 1727 den Auftrag, die Klosterkirche in Ochsenhausen auszumalen. Die Fresken der Seitenschiffe entwarf er zwar auch, seine Entwürfe führte aber erst 1787 sein Schüler J.J.A.Huber als Fresken aus.[57] Gleichwohl dürfte Bergmüller seine Entwürfe schon um 1728 gestochen und von ihm herausgegeben (excud.) worden sein.
Die Stiche „Markus", Matthäus" und „Johannes" liegen auch in den „Wiblinger Sammelbänden" im Archiv der Abtei Ottobeuren, im MK&G (Museum für Kunst und Gewerbe in Hamburg (ohne D D 237).

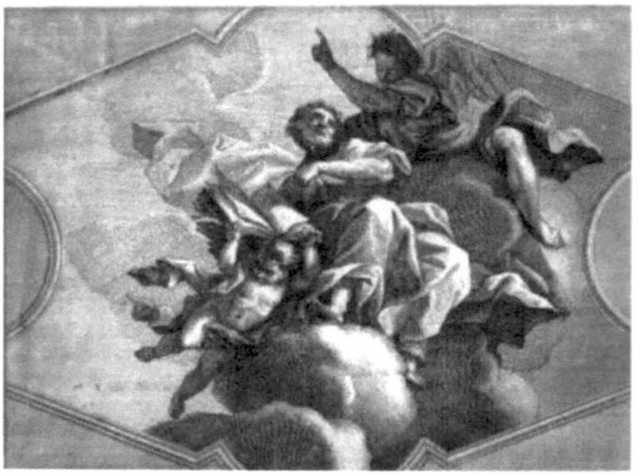

138: Evangelist Mathäus

Kupferstich, 22,4 x 17,9 cm, beschriftet mit: *JGB*(lig.)*ergmüller excud. Aug.Vind.* an den Rändern leicht beschnitten, Friedlmaier D 236

Der Stich zeigt den hl. Apostel und Evangelisten Mathäus auf Wolken sitzend. Ein Engel, sein Symbol, weist ihm den Himmel, er zeigt auf ein von einem Putto gehaltenes Buch, auf sein Evangelium. Die drei Figuren liegen auf einer leicht aus der mittelvertikalen gerückten Geraden. Lediglich der aufgewehte Mantel des Evangelisten bildet eine Gegenbewegung.
Das Blatt ist auf Untersicht gearbeitet und die Personen gerahmt. Es ist ein Stich nach einem Freskenentwurf Bergmüllers für die Klosterkirche in Ochsenhausen. Das Fresko wurde 1787 von J.J.A.Huber dann ausgeführt. Bergmüller freskierte in Ochsenhausen 1727/29. Um diese Zeit dürfte auch sein Entwurf für diesen Stich entstanden sein. Da Bergmüller um diese Zeit sehr beschäftigt war und dieser Stich mit „excud." beschriftet ist, kann man annehmen, dass er nicht selber stach. Gleichwohl handelt es sich um einen ausgezeichneten Stecher.

[57] Menath-Brosch, Marika: Johann Joseph Huber (Diss), München 2009, S. 189

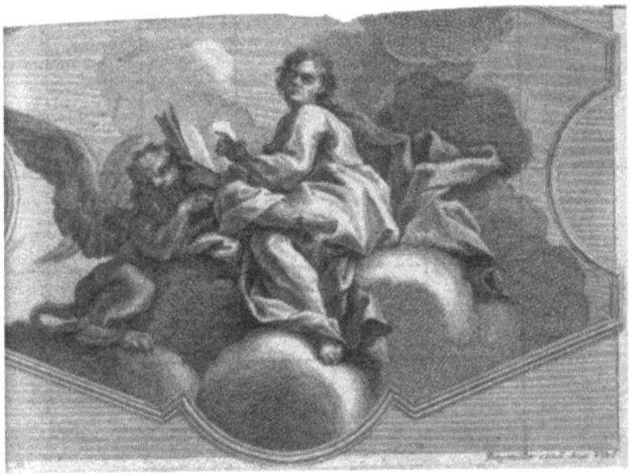

139: Evangelist Markus

Kupferstich, 22 x 15,4 cm, oben etwas beschnitten und oben beschädigt, Friedlmaier D 235, beschnriftet unten. *C.P.S.C.M.* / *JGB*(lig.)*ergmüller excud Aug. Vind.*

Der Stich ist mit Bleistift gerastert, vielleicht von einem anderen Künstler zur Übertraagung. Er zeigt den hl. Markus, wie er auf sein Evangelium hinweist, welches von einem geflügelten Löwen, seinem Symbol, hinweist. Der Heilige schaut aus dem Bild heraus. In einer gewagten Perspektive hat er sein rechts Bein so über sein linkes gelegt, dass es „aus dem Bild" heraus weist. Der Evangelist auf Wolken bildet eine kurze vertikale Mittelsenkrechte., der Löwe und der wegflatternde Umhang eine mächtige horizontale Mittelsenkrechte.

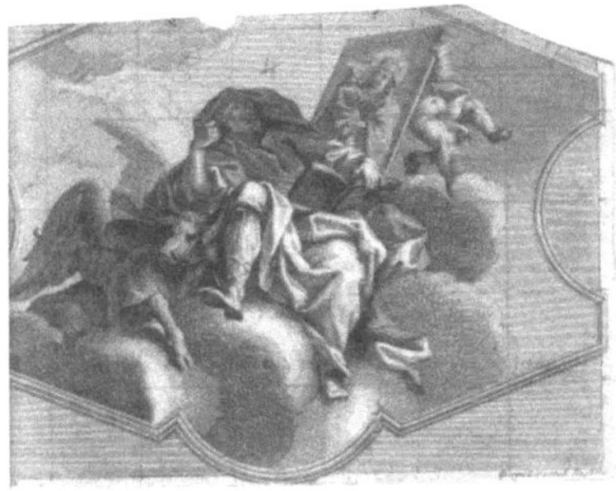

140: Evangelist Lukas

Kupferstich, 23 x 15, 8 cm, beschriftetn unten: *C.P.S.M.* / *JGB*(lig.)*ergmiller excud. Aug. Vind.* , leicht beschnitten, Friedlmaier D 238

Der hl. Evangleis Lukas hält in einer Hand sein Evangelium. Neben ihm ist ein gelügelter Stier, sein Attribut. Auf dessen Rücken liegt Palette, Pinsel und Malstock. Er versucht sein Haupt zu verhüllen, den ein Engel präsentiert ihm das Gnadenbild von S. Maria Maggiore, welches er malte.

Der Hell-Dunkel-Kontrast der Wolken geben dem Bild DEynamik und Tiefe.

Der Stich ist mit Bleistift in Quadrate gerastert und die einzelnen Felder nummeriert. Er gehörte wohl einem anderen Mler, welcher diesen Stich übertrug.

Es gibt eine Nachzeichnung von 1745.[58]

[58] Materialien H.9, S. 44/45

141, 142 aus der „Credoserie"

Johann G. Bergüller erhielt 1727 den Auftrag, die Klosterkirche in Ochsenhausen auszumalen. Die Fresken der Seitenschiffe entwarf er zwar auch, seine Entwürfe führte aber erst 1787 sein Schüler J.J.A.Huber als Fresken aus.[59]
Die folgenden beiden Stiche stammen aus der 14 Blätter umfassenden Serie nach dem Credo. Das Titelblatt dieser Serie ist beschrieben mit …*delineavit ac excudet / Joannes Georgius Bergmüller, Pi / ctor Augustanus / anno 1730.* Damit ist Bergmüller als Entwerfer und als Herausgeber dieser Serie benannt und die Serie dürfte 1729/30 gestochen worden sein. Wer aber war der Stecher? Auf Blatt Nr. 5 ist G.B. Göz als Stecher dieses Blattes genannt. Vermutlich stach er auch die restlichen Blätter, was Wildmoser auch begründet.
Diese Serie befindet sich auch im im Herzog Anton Ulrich Museum in Braunschweig (nicht vollständig)
Stiche dieser Serie übernahmen z.B. F.M.Kuen in Mindelzell, J. Keller in Ghalhofen und Gommiswald, E. Gabriel in Wettingen[60], J. Waitenhiller in Smarje bei Jelse

Lit.: Wildmoser, Rudolf: G.B.Göz als ausführender Kupferstecher, Jb. d. Vereins für Augsburger Bistumsgeschichte, 19. Jg., 1985, S. 281, Kat. Nr. 3-501; Epple, Alois: Die Credoserie, in: Der Fels, ab 43. Jg., Dez. 2012[61]

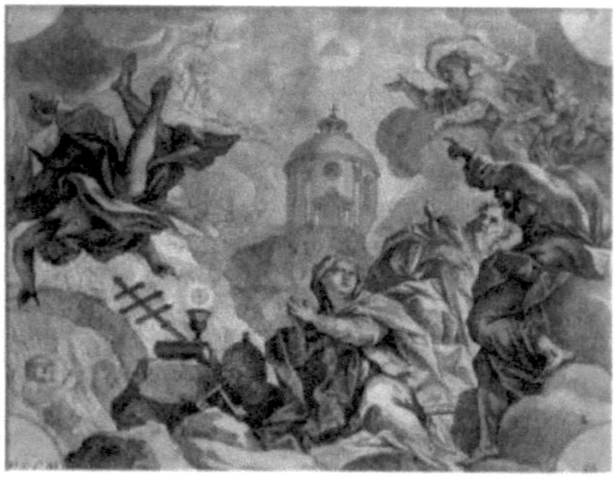

141: Sanctam Catholicam Ecclesiam

Kupferstich, 16,4 x 20,5 cm, beschriftet *No 9 / C.P.S.C.M / JGB* (lig.) Friedlmaier D 163

Lit.: Epple, Alois: Credo Sanctam Catholicam Ecclesiam, Sancotrum Communionem, in: Der Fels, 44. Jg., Aug./Sept. 2013, S. 241; Wildmoser, Rudolf: G.B.Göz…Jb. d. Vereins für Augsburger Bistumsgeschichte, 19. Jg., 1985, S. 282, Kat. Nr. 3-501-010

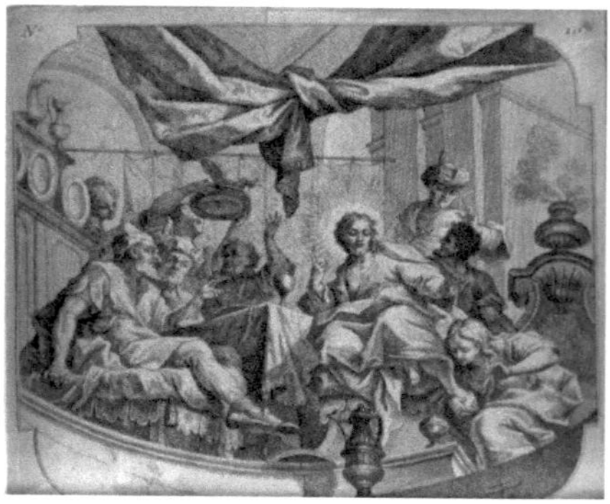

142: Credo remissionem peccatorum,

Kupferstich, 18,1 x 21,3 cm, beschriftet *No 10 / C.P.S.C.M / JGB* (lig.) Friedlmaier D 164

Lit.: wie B 26: …in: Der Fels, 44. Jg., Okt. 2013, S. 290; Wildmoser 3-501-011

59 Menath-Brosch, Marika: Johann Joseph Huber (Diss), München 2009, S. 189
60 Materialien H. 4, S. 73
61 Materialien H.7, S. 40

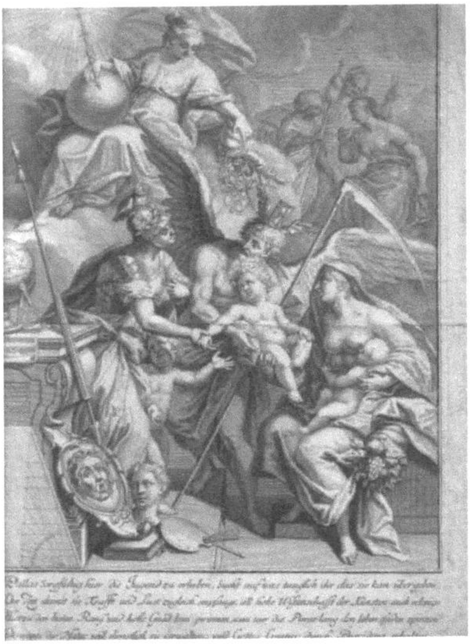

143: Förderung der Künste unter dem Schutz der göttlichen Vorsehung

Kupferstich, 20,4 x 31,2 (Platte), 19,9 x 27,2 (Bild), beschriftet unten: *Cum Priv. Sac. Caes. Mag. /JGB*(lig.)*ergmüller inv. del. et exc. Aug. Vind. / H. Sperling sculpsit* Friedlmaier D 307

Es ist das Titelkupfer von Bergmüllers „Anthropometria", *Gedruckt und auch zu finden bey Johann Jacob Lotter / 1723*

Beschrieben wurde dieses Blatt von Friedlmaier[62]. Bergmüller hat dieses Blatt entworfen, Hieronymus Sperling (1695 – 1777) hat den Entwurf gestochen (es ist beeindruckend, in welcher Qualität der noch junge Sperling hier stach!) und in der Werkstatt von Johann und Jakob Lotter wurde der Stich gedruckt. Offizieller Verleger dürfte jedoch wieder Bergmüller gewesen sein (exc.!).

---

[62] Friedlmaier, Karin: Anthropometria, in: Epple, Alois (Hg.) Bergmüllerkat. 1988, S. 68 f

144 – 146 aus Bergmüllers „Geometrischer Masstab

1752 brachte Bergmüller seine „Säulenordnungen" heraus, 23 Stiche mit Texten und ein Einleitungstext. Er machte auch die Entwürfe für die Stiche. Stecher war Leonhard Michael Steinberger (um 1713 – 1772).

Lit.: „vom Schönen gerührt" –Kunstli. des 17. und 18.Jharhudnerts aus Beständen der Bibliothek Oettingen-Wallerstein, Uni Augsburg, Ausstellungskat. zur Ausstellung im Rahmen der 7 Rieser Kulturtage 1988, (Kat. Nr. 38), S. 87; Lechner, G.: Johann Georg Bergmüllers akademischer Lehrversuch... in: Maderbacher, Lukas u. Steppan Thomar: De re artificiosa, Regensburg 2010

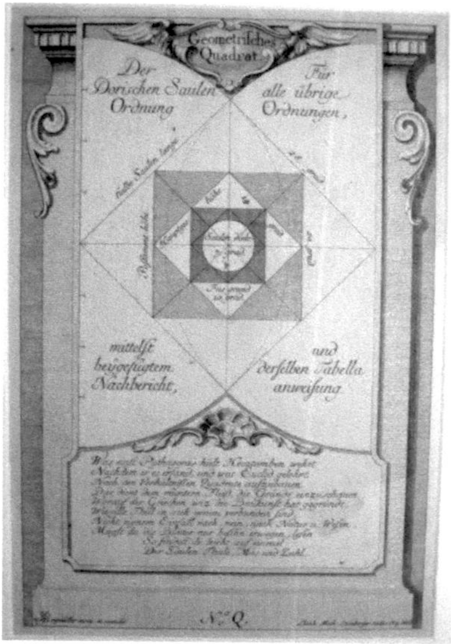

144: Geometisches Quadrat für Säulenordnungen

Kupferstich, 21,5 x 31,5 cm (Plattengröße), 19,2 x 29,5 cm (Bild) unten beschriftet mit: li: *JGB*(lig)*ergmüller inven. et excudit*, re.: *Leonh. Mich. Steinberger sculps. Aug. Vind.* Friedlmaier D 334

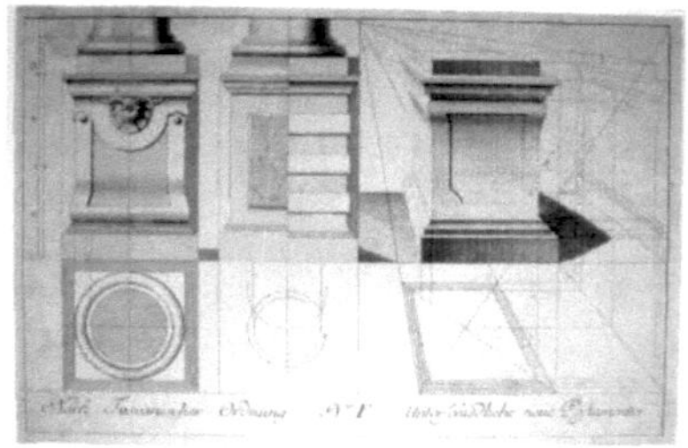

145: Toscanische Ordnung

Kupferstich 31,8 x 21,4 cm (Platte, 30,5 x 20 cm (Bild)
Nach Toscanischer Ordnung N° F. Unterschiedliche neue Postamenter, Friedlmaier D 324

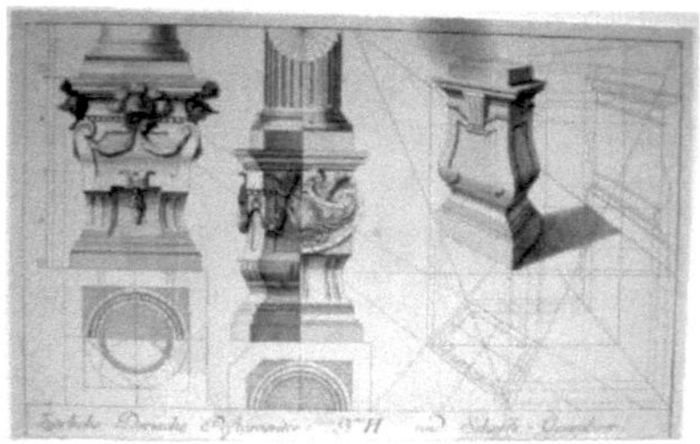

146: Dorische Ordnung

Kupferstich 31,8 x 21,4 cm (Platte), 30,5 x 20 cm (Bild)
Zierliche Dorische Postamenter = N° H. und Schafft=Gesimbser, Friedlmaier D 326

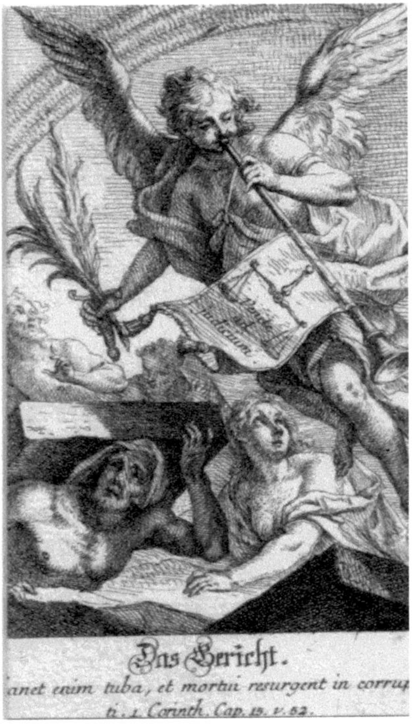

147: Das Gericht

Kupferstich, 18,3 x 10,6 cm, beschriftet: *2. / JGB* (lig.), Friedlmaier D 169

Es handelt sich um den 2. Stich der Serie „Die vier letzten Dinge". von Johann Georg Bergmüller (vgl. Signatur).

Lit.: Epple, Alois: Die vier letzten Dinge – Das Gericht, in: Fels, 45. Jg., März 2014, S. 77

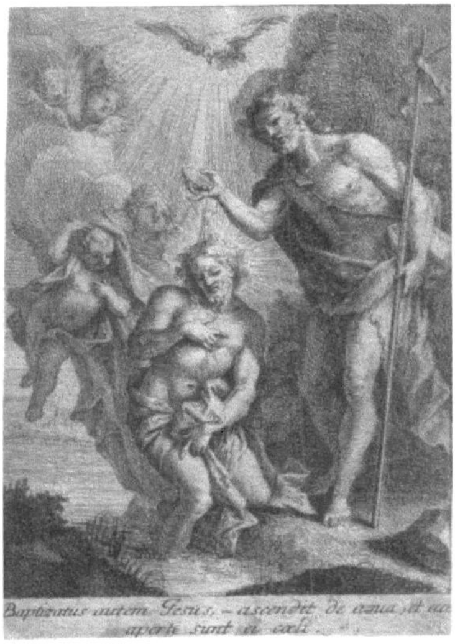

148: Taufe Christi durch Johannes

Kupferstich, 14,6 x 10,2 cm, hier wurde der untere Rand, auf welchem stand JGB(lig.). *fecit et excudit Aug.Vind. / C.P.S.C.M.* weggeschnitten. Friedlmaier D 188[63]

Bei dem gleichthematischen Altarbild in der Pfarrkirche in Kaufering fand Bergmüller eine andere Lösung.[64]
J.G. Wolcker nahm diesen Stich als Vorlage für ein Fresko in Gabelbach, M. von Au in Meßkirch.

Lit.: Epple, Alois: Rosenkranzbetrachtung: Jesus, der von Johannes getauft worden ist, in: Der Fels, 43. Jg., Juni 2012, S. 179; Materialien H. 11, S. 49; Materialien H. 16, S. 19

---

[63] Der Kupferstich befindet sich auch im harvard Art Museum

[64] Epple, A. und Straßer, J.: Johann Georg Bergmüller, Lindenberg 2012, S. 82, G 48

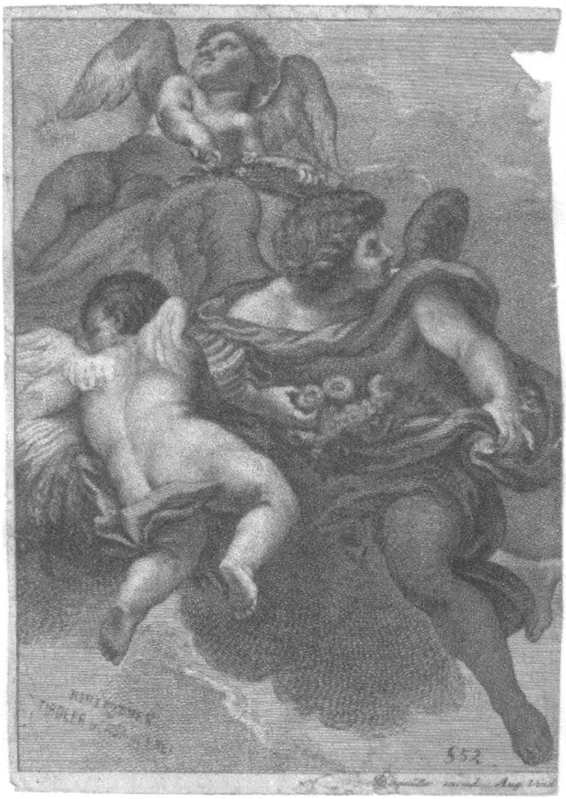

149: Engel

Kupferstich, 14,8 x 21 cm, beschriftet: *JGB*(lig.)*ergmüller excud. Aug. Vind.*, Friedlmaier D 115

Der Stich gehört zur Serie "Unterschidliche Engel nach zwey vornemsten Künstlern aus Italien". Bei diesen Künstlern handelt es sich um Carlo Maratta und Sebastsiano Conca.[65]

[65] Die Behauptung von Kosel Karl: Johann Georg Bergmüller, Jb. d. Augsburger Bistumsvereins, 1988, , dass Battista Gaulli der Vorlagengeber ist, ist falsch. Vgl. auch „Materialien" H. 4, S. 63, 72, H. 5, S. 36

Bergmüller kannte die Bilder auch über Nachstiche von Jacob Frey.

Lit.: Materialien H. 5, S. 30 – 33; H.. 8, S. 40/41, 47; Epple, Alois: Johann Heel malte auchnach Stichen von Johnn Bergmüller, in: Alt Füssen, Jb d. Hist. Vereins, Jg. 2003 (Abb. 13a); Epple, Alois: Vorlagen für Bergmüller – Unterschidliche Engel nach zwey vernemsten Künstlern aus Italien, in: Materialien H. 11, S. 12 – 18; Materialien H. 13, (15)

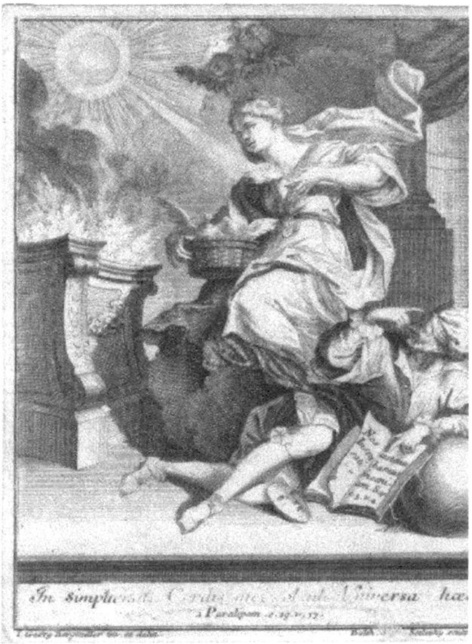

150: Christlicher Einfalt Glorreicher Sig

Kupferstich, 15,4 x 12,3 cm, beschr.: *I. Georg Bergmiller inv. et delin / . Sigm. Setlezky sculp. A.V.* Friedlmaier D 6

Es soll sich hier um den Titelkupfer des buches „Christliche Einflat Glorreicher Sig / Wider die Weisheit der Thorrächten Welt ...", erschienen 1724 in Augsburg „bey Johann Michael Labhart" handeln.[66]
Man sieht die christliche Einfalt[67], eine Frau, deren Herz durch Sonnenstrahlen entflammt werden und die einen Korb mit einem Taubenpaar hält und einem etwas orientalisch-höflisch, elegant gekleidetenMann, welcher mit einem Finger auf sein Gehirn (Verstand) zeigt und mit einem anderen Finger auf ein aufgeschlagenes Buch mit Texten aus dem Buch der Weisheit. Er liegt am Boden und stützt sich auf die Weltkugel. An seinem Knie liegt eine Maske.[68]
Der Stich dürfte um 1723 von Bergmüller entworfen worden sein (er schreibt seinen Namen noch mit „i" und nicht mit „ü") und wurde von dem noch Balthasar Sigmund Setlezky (1695 – 1771) gestochen. Trotz seines noch jungen Alters beherrscht er souverän die Stichtechnik. Dies läßt sich gut am linken gefkügelten Engelkopf beobachen; hier muss er einerseits die Rundung des Kopfes wiedergeben, andererseits den Schatten.
Dieser Stich befindet sich auch in den „Wiblinger Sammelbänden" im Archiv der Abtei Ottobeuren.

[66] Ein Exemplar befindet sich auch in der Bay. Staatsbibliothek, München
[67] Vgl. Bergpredigt: Selig sind die armen im Geiste...
[68] Eine genaue Beschreibung bei Kosel, K.: J.G.Bergmüller, Jb. d. Augsburger Bistumsgeschichtsvereins, 1988, S. 235

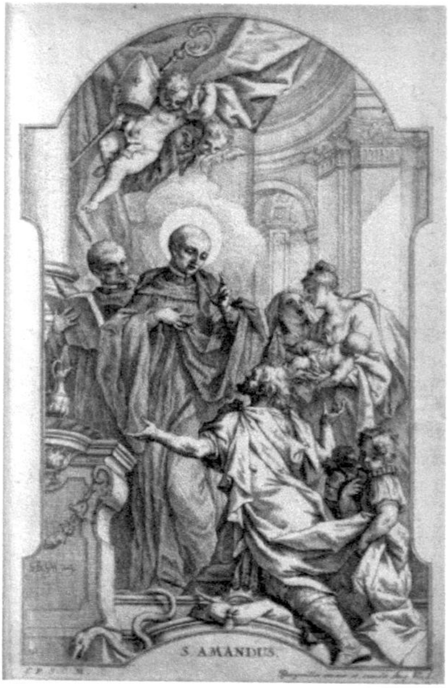

151 Hl. Amandus[69]

Kupferstich, 28,7 x 18,1 cm, unten beschriftet: *C.P.S.C.M.* / *JGB(lig)ergmiller invenit et excudit Aug. Vind.*, im Sockel li beschriftet: *GB Götz Sculp*, Friedlmaier D 136

Der Stich wurde von Gö(t)z (1708 – 1774) nach einem Entwurf von Johann Georg Bergmüller für ein Altarbild in Hl. Kreuz in Donauwörth (G 89) gestochen. Dieses Altarbild ist 1726 datiert. Um diese Zeit dürfte auch Göz diesen Stich gestochen. Göz kehrte Bergmüllers Entwurf nicht um, so dass Stich und Gemälde seitenverkehrt sind. Göz war, als er stach, ungefähr 18 Jahre alt und lernte bei Bergmüller das Stechen. nach dem Stich zu urteilen war er ein vorzüglicher Schüler.

Dieser Stich befindet sich auch in den „Wiblinger Sammelbänden" im Archiv der Abtei Ottobeuren, . im Herzog Anton Ulrich Museum in Braunschweig

Lit: Isphording, Eduard: Gottfried Bernhard Göz (Textband), Weißenhorn 1982, S. 34, Wildmoser, S. 283 Kat.Nr. 3-720-001 Epple, Alois: Entwürfe und Stiche zu den Altarbildern von J.G. Bergmüller in der Heilig-Kreuz-Kirche in Donauwörth, in: Daniel - Nordschwaben, H. 3, Aalen 1990, S. 54 – 56; Epple, Alois u. Straßer, Josef: Johann Georg Bergmüller, Lindenberg 2012, s. 113 G 89; Materialien 9, S. 15

---

69 abgebildet im Kat. des Antiquariats Peter Bier, Nr. 108 (Nr. 65)

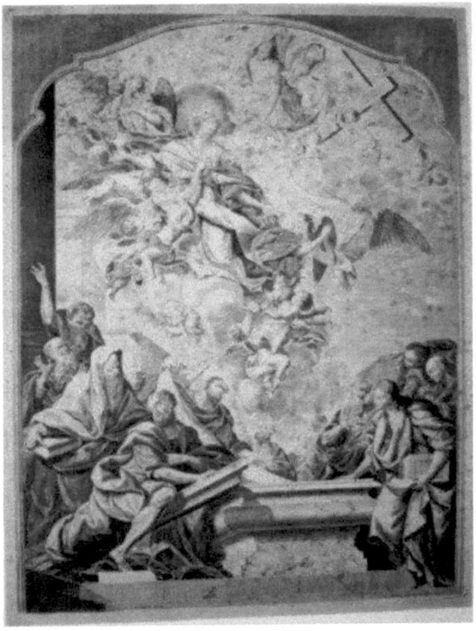

152: Mariä Himmelfahrt

Kupferstich, 56 x42 cm, beschriftet: *I.G. Bergmüller Invenit / Senior Ioh. Daniel Herz sculpsit,* Friedlmaier D 144

Oben ist der Stich beschriftet mit „XXI". Gehört er in eine Serie von Stichen nach Altarblättern=? Es gibt eine Zeichnung Bergmüllers, welche im Wesentlichen mit diesem Stich übereinstimmt und mit „1714" datiert ist (Straßer Z 8).

Bergüller dürfte also ein Altarbild entworfen haben und nach diesem Entwurf stach Daniel Herz sen. (1693 – 1754). Er übernahm auch die Altar-Rahmenform von Bergmüllers Entwurf. Stich und Entwurf sind nicht seitenverkehrt!

Lit.: Materialien H.7, S. 24 – 30, Materialien H. 18

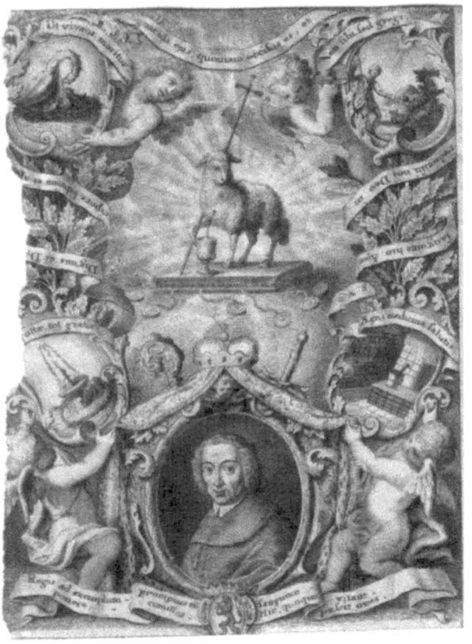

153: Adolph von Dalberg (1678 – 1737)

Kupferstich, beschädigt, 20,8 x 152 cm, die Beschriftung unten wurde abgeschnitten. Sie lautete: *Joh. G. Berckmiller del, Joh ?? sc Aug. Vind..* Ein weiteres Exemplar mit Beschriftung unten befindet sich in den Kunstsammlungen der Veste Coburg. Nicht bei Friedlmaier. Nicht bei Friedlmaier

Das Medaillon zeigt den Fürstabt von fulda. Über ihm steht das Lamm auf dem Buch mit den sieben Siegeln. Vier Putten halten Embleme, welche durch Schriftbänder erläutert werden. Die Schreibweise „Berckmiller" legt nahe, dass es sich um einen Entwurf des jungen Johann G. Bergmüller handelt.
Lit.: Materialien H. 18, S. 11

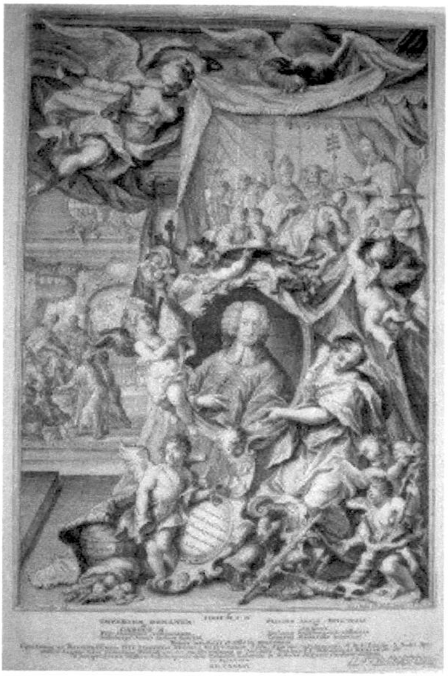

154: Huldigung für Fürstbischof Firmian[70]

Kupferstich, 22,3 x 34,8 cm (Platte), 21 x 31 cm (Bild), um unteren Bildrand beschriftet: *J.G.Bergmüller delin. / Jac. Andr. Fridrich sculps A. Vind.*, als Thesenblatt 1734 verwendet, Friedlmaier D 67

Lit.: Epple, Alois: Huldigung für Fürstbischof Firmian, in: Materialien H. 15, S. 5; H. 14, S. 4, Materialien H. 5, S. 26 – 29, H.8, S. 36/37; Heft 13; Rapp, Jürgen: Die Thesenblätter nach Entwürfen von J.E. Holzer, in: Der Schlern, H 11, 83/2009, S. 88/89

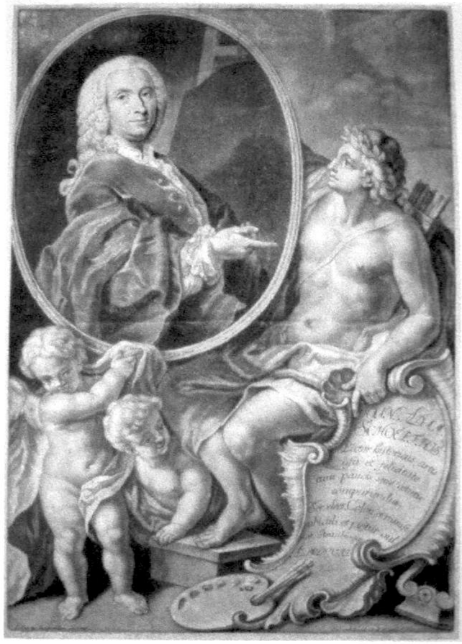

155: Johann Adam Schöpf

Schabkunstblatt, ca. 41 x 28 cm, beschriftet: *J. Georg Bergmüller invenit / J.Jacob Haid scul. et exc. A. V.*, Friedlmaier D 305
Dieses Blatt findet sich auch in im Herzog Anton Ulrich Museum in Braunschweig

Johann Adam Schöpf (1702 – 1760) war ein Straubinger Maler. Das Bild wurde, nach der Beschriftung auf dem Schild, um 1744 von Joh. Jakob Haid (1704 – 1767) „geschabt“.. Die Porträtvorlage stammt von Desmarées.

Lit.: „Materialien“ H. 5, S. 26 – 29, Materialien H.16, S 10 - 14

70 Dieser Stich befindet sich auch in der Universitätsbibliothek Salzburg (Sig.: G 742)

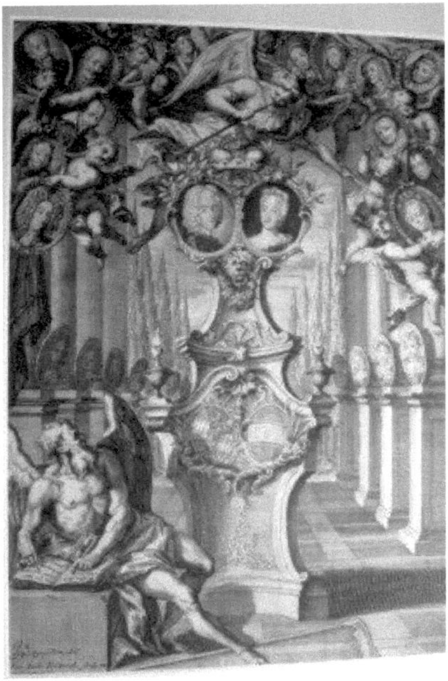

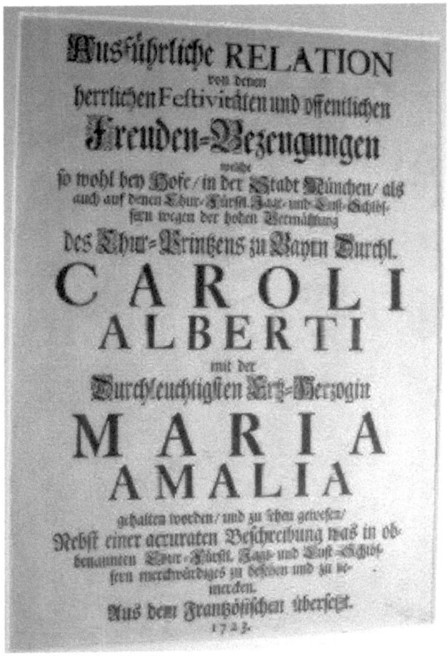

Ausführliche RELATION
von denen
herrlichen Festivitäten und öffentlichen
Freuden-Bezeugungen
welche
so wohl bey Hofe / in der Stadt München / als
auch auf denen Chur-Fürstl. Jagd- und Lust-Schlös-
sern wegen der hohen Vermählung
des Chur-Printzens in Bayern Durchl.
CAROLI
ALBERTI
mit der
Durchleuchtigsten Ertz-Herzogin
MARIA
AMALIA
gehalten worden / und zu sehen gewesen /
Nebst einer accuraten Beschreibung was in ob-
benannten Chur-Fürstl. Jagd- und Lust-Schlös-
sern merckwürdiges zu besehen und zu be-
mercken.
Aus dem Frantzösischen übersetzt.
1723.

156: Dynastisches Herrscherlob auf ...Kurfürst Karl Albrecht und Maria Amalia

Kupferstich, 30,2 x 14,3 cm bezeichnet *JGB*(lig.) *ergmüller del: / Iac: Andr: Fridrich sculps A.V.* Friedlmaier D 296

Dieser Stich um 1722 war einigen dieser Bücher: beigegeben.
Dieser Stich findet sich auch in im Herzog Anton Ulrich Museum in Braunschweig.

Lit.: Materialien H 8, S. 38

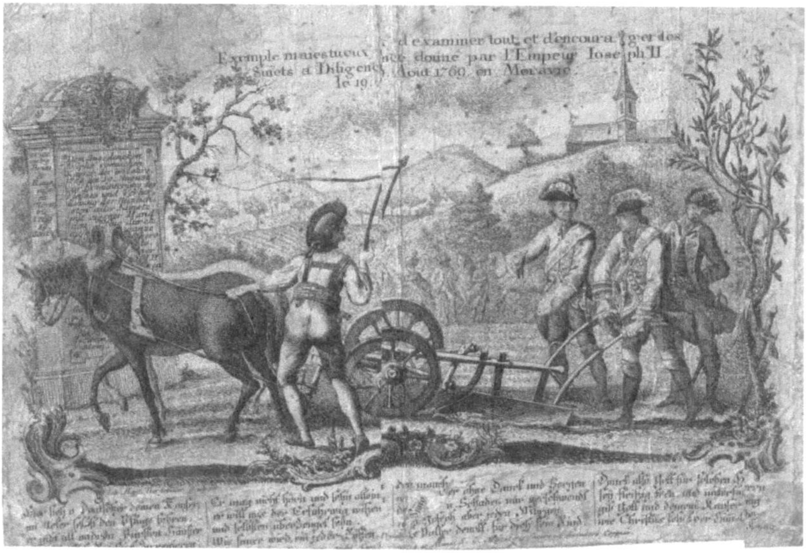

157 Kaiser Joseph II. engagiert sich für den modernen Feldbau

Kupferstich 16,5 x 23 cm, bezeichnet re.u.: *Ioh. Bapt. Bergmüller Sculpsit*

Vorlage für diesen Stich war wohl eine anonyme Lithographie die bezeichnet ist mit: *Kaiser Joseph II. Hochverehrend den Ackerbau, den Ernährer der Menscheit, pflügte am 19. August bei Slwikowicz auf dem Feld des Bauern Andreas Ernka.*[71] Im Text steht: 19. Auot 1769

Dieser Stich ist gegenüber der anonymen Vorlage seitenverkehrt, ein Hinweis, dass Bergmüller diese Lithographie als Vorlage verwandte.

Lit.: Materialien H.7, S. 46, Heft 12, S. 16 und Heft 13 (S.23)

---

[71] Freitag, Winfried: Bücher aus Holz, in: Schönere Heimat, 94. Jg. H. 4, S. 232, 2005

158 – 161: Unterschiedliche neue Altäre von Johann Andreas Bergmüller

Johann Andreas Bergmüller dürfte ein Cousin von Johann Georg Bergmüller gewesen sein. Vielleicht war er der Sohn des Schreiners Andreas Bergmüller, des Bruders von Johann Georg Bergmüller. In den Materialien H. 13 wurden seine bisher bekannten Entwürfe für Kircheneinrichtungen publiziert und in der Materialien-Reihe wird immer wieder auf ihn hingewiesen.

Literatur: Johann Andreas Bergmüller, in: Materialien, H. 13

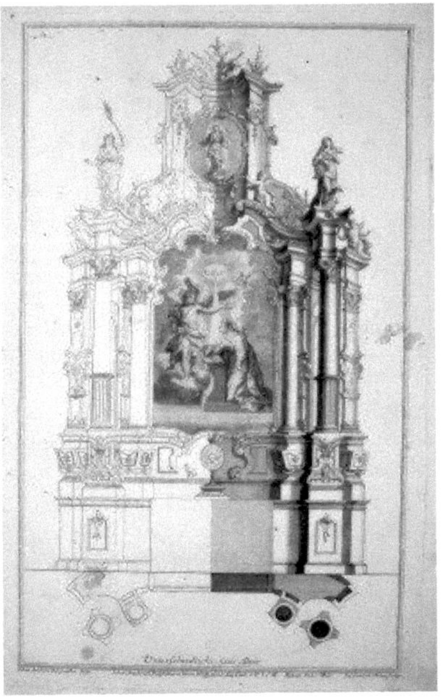

158 Marienaltar mit Maria Verkündigung

Kupferstich, 44,8 x 27,2, beschr.: *Unterschiedliche neue Altär / Iohann Andreas Bergmiller delin. / Iohann Friederich Probst, Heored. Ierem. Wolffy excud. Aug. Vind. C.P.S.C.M. / Median Folio No 11 / Iac. Gottlieb Tthelot sculps. l*

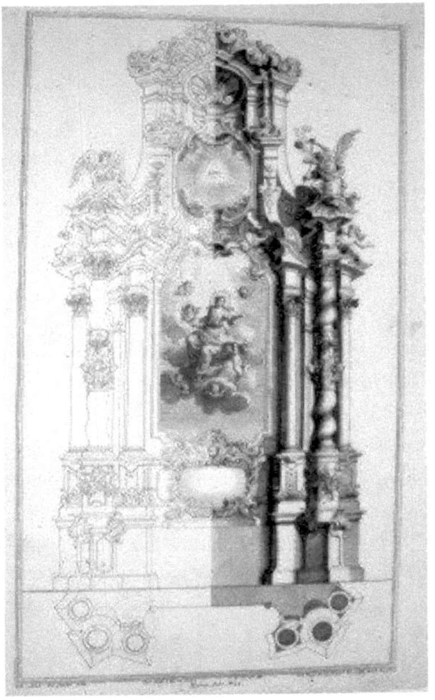

159: Marienaltar mit Maria Himmelfahrt

Kupferstich, 43,7x 25,9 cm, beschriftet: *Ioh. Andr: Bergmüller delin: /Iac. Gottlieb Thelot sculps. / Ioh Fried. Probst, Hered Ier: Wolffy excud. Aug. Vind. / Median Folio No 11*

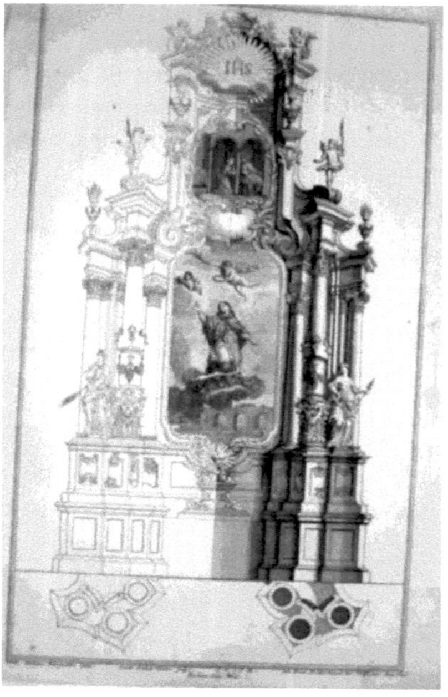

160: Johannes Nepomuk Altar

Kupferstich, 44 x 27,2 cm, beschr.: *Iohann Andreas Bergmiller delin / Iacob Gottlieb thelos sculps. (C.P.S.C.M. / Ioh. Fried: Probst Hared: Ier Wolffy. exc. Aug. Vind / Median Folio No 11*

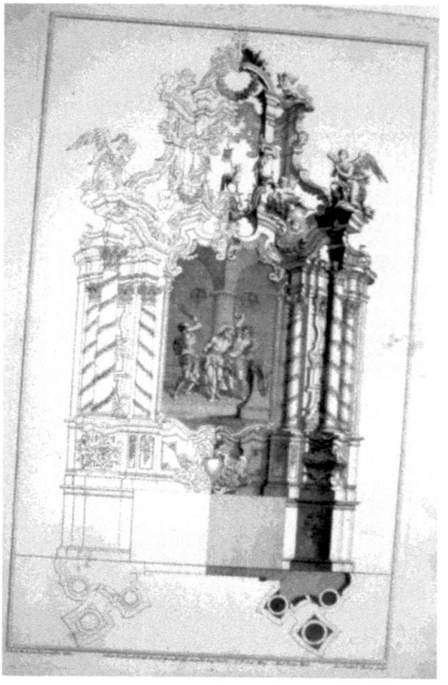

161: Lamm-Gottes Altar

Kupferstich, 45 x 26,2 cm, beschr. *Iohan Andreas Bergmiller delin. / Iohann Friederich Probst hared. Ierm Wolffy: excudit Aug. Vindel. / C.S.C.Maj / Med. Folio No 11 / Iac. Gottlieb Thelot sculps.*